中华优秀传统文化融入高校思政教育研究

白海若◎著

北京燕山出版社
BEIJING YANSHAN PRESS

图书在版编目（CIP）数据

中华优秀传统文化融入高校思政教育研究 / 白海若著.—北京 : 北京燕山出版社, 2023.12

ISBN 978-7-5402-7116-9

Ⅰ. ①中… Ⅱ. ①白… Ⅲ. ①中华文化－关系－高等学校－思想政治教育－研究－中国 Ⅳ. ①K203②G641

中国国家版本馆 CIP 数据核字(2023)第 212339 号

中华优秀传统文化融入高校思政教育研究

作　　者	白海若
责任编辑	王　迪
出版发行	北京燕山出版社有限公司
社　　址	北京市西城区椿树街道琉璃厂西街20号
电　　话	010-65240430
邮　　编	100052
印　　刷	北京四海锦诚印刷技术有限公司
开　　本	787mm×1092mm　1/16
字　　数	191千字
印　　张	10.25
版　　次	2024年4月第1版
印　　次	2024年4月第1次印刷
定　　价	78.00元

作者简介

白海若，女，汉族，出生于 1970 年，山东师范大学博士生，临沂大学副教授，硕士生导师，国家二级心理咨询师，中国伦理学会会员，山东省伦理学会理事，山东省妇女理论研究会会员，临沂市总工会职工心理健康志愿者，临沂市科技工作者思想政治教育导师团成员。研究方向为思想政治教育、沂蒙精神、心理咨询等。先后在《人民论坛》《教育探索》等刊物上发表文章 20 多篇，主持和参与国家级、省部级、市厅级科研课题研究 10 多项，主持和参与省部级、学校级教学改革项目 4 项，第一作者著作 1 部，参与著作 7 部。

前　言

我国有着悠久的历史和灿烂的文化，那些传承至今的优秀文化还在当今社会发挥着积极的作用。我国的传统文化十分重视对人道德的培养，因此，其也能够为高校思想政治教育的发展起到一定的推动作用。文化具有传承性，当前的思想政治教育也无法脱离传统文化对大学生的影响。中国文化从古代发展到现在，不论历史朝代如何更换，优秀的文化始终在变化与前进中不断影响着一代又一代的人，故而当代思想政治教育必须建立在传统文化的基础上进行新的发展。教育是推动人类文化历史向前发展的动力，但是没有对传统的继承就不会有教育，因为教育是首先建立在对人类文化财富总结的基础上，进而将其传递给当下的人。中华民族发展继承下来的传统文化，已经深入中华儿女思想、生活、价值观等各个方面，成为当前中国社会一个不可忽视的文化背景。文化是一个统一联系的整体，它具有继承性、延续性，这就意味着教育要传承文化，就必须从中国传统文化入手。

本书是一本关于中华优秀传统文化融入高校思政教育方面研究的书籍。全书首先对传统文化的主要特征和精神进行简要概述；其次对传统文化融入高校思政教育的基本原则问题进行梳理和分析，主要包括坚持马克思主义的正确科学指导原则、坚持社会主义核心价值观引领原则、坚持对传统文化批判继承“双创”的原则等；最后在中华优秀传统文化融入高校思政教育的实践方面进行探讨，内容涵盖了高校思政教育的文化自觉与文化载体的有效建设、优秀传统文化在高校思政教育中的有效渗透、高校思政课堂中优秀传统文化的融入等多个方面。本书论述严谨，结构合理，条理清晰，能为当前中华优秀传统文化融入高校思政教育相关理论的深入研究提供借鉴。

目录

第一章
传统文化的主要特征和精神

第一节　中国传统文化概观

传统文化这个概念非常大，其是由“传统”和“文化”两个概念构成的。“传统”是指从历史沿袭下来的精神、制度、风俗、艺术等，其对人们的社会行为有着无形但深刻的影响。“文化”从词源上讲，在西方源于拉丁文 culture，原义为耕作、培养、教育、发展、尊重。文化是一种社会现象，也是一种历史现象，是人类创造出来的所有物质和精神财富的总和。“文化”是中国语言系统中古已有之的词汇，“文”的本义，指各色交错的纹理，“化”本义为改易、生成、造化，二者分开使用。而文与化并联使用，最早见于战国末年《周易·贲卦·象传》之“观乎天文，以察时变；观乎人文，以化成天下”。在这里，“人文”与“化成天下”紧密联系，“以文教化”的思想已十分明确。西汉以后，“文”与“化”才合为一个词，随着时间的推移，“文化”逐渐变成一个外延宽、内涵广的概念，成为人们研究探讨的对象。

广义的“文化”着眼于人类与一般动物、人类社会与自然界的本质区别，着眼于人类卓立于自然的独特生存方式，其涵盖面非常广泛，所以称作“大文化”；狭义的“文化”是指人们普遍的社会习惯，是意识层面的精神文化，被称作“小文化”。

中国文化即中华民族在中国所创造的文化，涵盖古今。这又引申出一个纵横发展的概念——“传统”。“传统”由“传”和“统”两个字构成。纵向曰“传”，是指时间上的历时性、延续性，是指那些过去有的，现在仍然在起作用的东西，是一代代传下来的“活”的东西。横向曰“统”，其有两层含义：空间的拓展性和权威性。

传统是历史发展继承性的表现，它无处不在，时时刻刻影响着我们的社会和生活。最深刻的传统表现形式为先秦诸子百家尤其是儒家所提出的各种思想，奠定了华夏民族基本的思维方式、行为方式甚至情感态度，深刻影响了此后两千多年的中国历史。这种生存模式和价值系统以生物遗传和社会遗传的形式世代延续，已深深地融入中华民族的血液之中，内化为人们的心理性格并渗透到政治、经济及精神生活的各个领域，成为影响人们思想行为和日常生活的强大力量。由此可以看出，中国传统文化影响着民族发展进程中所有的物质形态与精神状态。纵向来看，中国传统文化主要指我国传统社会的文化，一般把从周、秦开始直至1911年辛亥革命这段时间称作传统社会；横向来看，中国传统文化指中国传统社会中中华民族的整体生活方式和价值系统，其内容包括自然科学、人文科学中的各个门类。

一、中国传统文化含义

“传统”代表着一种历史沿袭与演进，有“传承”之意，而中国传统文化则是指中华文明经过五千年的演化而形成的具有民族特质和风貌的民族文化，是民族历史上各种思想文化、观念形态的总体表征。具体来说，中国传统文化指在中国的疆域内，中华民族经过漫长岁月积淀下来的民族文化，并且为中华民族的世世代代传承并发展。中国传统文化博大精深、源远流长，值得每一个中国人骄傲，它把广大中华儿女紧紧地团结在了一起。与此同时，中国传统文化是发展变化的，与现在的中国一起历经现代化，与当今社会的精神文明建设紧密相连。

中国传统文化的涵盖范围很广，既包括诸子百家的学术研究、琴棋书画的传统艺术、蕴含深厚的传统文学，又包括中国的汉字汉语、传统中医、宗教哲学、民间工艺、地域文化、中华武术、民风民俗、古玩器物、神话传说、音乐戏曲，甚至名山大川。这些中国传统文化相互影响、相互作用，对中国社会的发展产生了重大影响。

二、中华优秀传统文化含义

中华优秀传统文化包含于中国传统文化的范畴内，是中国文化的重要内容。中华优秀传统文化就是指中国传统文化的精华与灵魂，体现着民族精神的价值。这部分优秀文化在中华民族的发展史上、在中华民族思想发展史上起到过积极的推动作用，对于现代社会来说也有其相对的价值，于文化思想层面上来说，能够促进社会进步和民族发展。归根结底，中华优秀传统文化即在中华民族漫长的发展史中形成的、在促进历史的发展上发挥着积极推动作用，并且至今仍具有重要价值的一类思想文化。以爱国主义为核心的中华民族精神、君子和而不同的宽恕思想、勤劳勇敢的品德、不屈不挠的奋斗精神、克己奉公的人生态度等都是中华优秀传统文化，是中华民族历史发展中创造出的精神财富，生生不息，代代相传。

三、中华优秀传统文化的核心思想

目前，我国正在着力构建社会主义核心价值体系，价值体系的构建离不开我国优秀传统文化。因此，对中华优秀传统文化的核心思想理念进行研究是非常必要的。一般来说，中华优秀传统文化的核心思想主要有四方面：阴阳五行的思想，天人合一的思想，儒家以和为贵的中庸思想，自强不息、修身克己的思想。这四种思想是对中国传统文化的基本概括与总结，其无形地渗透在各个文化领域中，对人们的行为习惯和思维方式产生了深刻的影响。

阴阳五行的思想认为世界上任何事物都包含对立统一，都是运动变化着的。其是一种朴素的唯物思想。天人合一的思想主要是解释人类与大自然的关系，认为人类在大自然中生存发展，是大自然的一部分。其讲究人与自然相通相应、和谐相处，重视顺应天时，对自然保持着敬畏的态度。中和中庸思想是中华传统文化追求的理想境界，一是承认各种事物互不相同，各有特色，不以人的意志为转移；二是教人们要有忍让意识，处理问题最好实现双赢；三是要有修养与品格。中庸要求处理问题不偏不倚，恰如其分。中和要求各方面都要和睦协调。修身克己的思想是指进行个人修养的构建，做人必须自觉提高自身价值，要做到修身必须克己，克服自己身上的弱点才能不断地提升自己。老子所说的“自胜者强”就是克己的思想体现。

中国优秀的传统思想能够与时俱进、历久弥新。如今科学技术越来越发达，文化水平也在不断提高，优秀传统文化应该被重新审视和挖掘，对其核心思想做出进一步的提炼和总结。

四、中华优秀传统文化的现代解读

弘扬中华优秀传统文化不仅是当代中国文化建设的重要内容，也是国家治理体系和治理能力建设的重要方针。我们所选择的中国特色社会主义道路、所培育和践行的社会主义核心价值观、所传承的中华优秀传统美德都属于国家治理体系范畴，都得益于中华优秀传统文化的有效滋养。

（一）中华优秀传统文化滋养着中国特色社会主义

“中国特色”是自古以来中国独有的、彰显中国风格气派的、由中国这个特定的具体环境所创造的。中国共产党人积极自觉地把中华优秀传统文化与中国特色社会主义有效对接起来。独特的文化传统、独特的历史命运、独特的基本国情，注定了我们必然要走适合自己特点的发展道路，这就是中国特色社会主义道路。这条道路，是中国共产党带领中国人民历经千辛万苦、付出巨大代价开辟出来的，是被实践证明了的符合中国国情、符合时代发展要求的正确道路。宣传阐释中国特色，要讲清楚每个国家和民族的历史传统、文化积淀、基本国情的不同，其发展道路必然有着自己的特色；讲清楚中华文化积淀着中华民族最深沉的精神追求，是中华民族生生不息、发展壮大的丰厚滋养；讲清楚中华优秀传统文化是中华民族的突出优势，是我们最深厚的文化软实力；讲清楚中国特色社会主义植根于中华文化沃土、反映中国人民意愿、适应中国和时代发展进步要求，有着深厚历史渊源和广泛现实基础。这四个“讲清楚”，深刻阐释了中国特色社会主义根植于中华优秀传统文化、中华优秀传统文化助力着中国特色社会主义建设的辩证统一关系。

建设中国特色社会主义，是深深植根于人民群众的历史创造活动，是继承发扬中华优秀传统文化的表现，通过吸收世界文化精华，形成了社会主义内容和中华民族形式相结合的全新文化。中国特色社会主义建立在马克思主义的普遍真理上，把马克思主义与中国国情结合起来，走自己的道路。中国传统文化中的许多思想观念与马克思主义有相通互近之处。具体而言，中华优秀传统文化中的“力行”思想、“治国平天下”理念、“中庸”理论、“大同”社会理想分别与马克思主义的实践学说、改造世界学说、唯物辩证法、共产主义学说有着明显的契合之处。正是这些相通之处奠定了中华民族接受马克思主义的文化基础，促进了中国特色社会主义理论体系的形成。中国特色社会主义理论不仅源于马克思主义，也源于中国传统文化，是马克思主义基本原理同中国实际即社会主义建设实践、中国历史文化相结合的产物。这些内在的思想会通，既为中国共产党和中国人民接受马克思主义提供了可能，也为马克思主义中国化提供了现实土壤。所以，在建设中国特色社会主义的过程中，不仅需要马克思主义理论的科学指导，还需要中华优秀传统文化的滋养。

（二）中华优秀传统文化是社会主义核心价值观的源泉

每一个民族及其所建立的国家，在一定阶段内都会形成与其根本制度、社会发展相适应的并能主导和维系全社会思想和行为的核心价值观。一个民族、一个国家的核心价值观必须同这个民族、这个国家的历史文化相契合，同这个民族、这个国家的人民正在进行的奋斗目标相结合，同这个民族、这个国家需要解决的时代问题相适应。社会主义核心价值观引领并支撑着中国特色社会主义事业的建设，实现中华民族的伟大复兴。中国共产党人明确指出了社会主义核心价值观根植于中华优秀传统文化、中华优秀传统文化为培育社会主义核心价值观提供了丰富的思想资源的辩证关系。

社会主义核心价值观之所以源于中华优秀传统文化，不仅因为中华优秀传统文化内涵丰富，更因为其适合中华民族的发展并与时俱进，持久地维系着中华民族的团结统一。因此，培育和践行的社会主义核心价值观必然折射出中华优秀传统文化。中华优秀传统文化中“实干兴邦”的治国理念、“兼听则明”的民主思想、“以和为贵”“和而不同”的发展道路、“天下大同”的社会理想、“礼法合治”的治国策略、“精忠报国”的爱国情怀、“敬业乐群”的职业操守、“己所不欲勿施于人”“与人为善”的处世之道、“择善而从”“仁者爱人”的道德修为，这些都为倡导和践行的社会主义核心价值观提供了思想基础与力量源泉。中华优秀传统文化和社会主义核心价值观在治国理政中的重要作用在此凸显出来。

（三）中华优秀传统文化是中华传统美德的资源宝库

必须加强全社会的思想道德建设，激发人们形成善良的道德意愿、道德情感，培育正确的道德判断和道德责任，提高道德实践能力尤其是自觉践行能力，引导人们向往和追求讲道德、尊道德、守道德的生活，形成向上的力量、向善的力量。只要中华民族一代接着一代追求美好崇高的道德境界，我们的民族就永远充满希望。这些论断，不仅从理论层面阐释了思想道德建设对于个人的重要性，更是深刻揭示了保持中华传统美德的优良传统对于国家富强民族振兴的重要价值。道德是文化的一种，属于精神层面，以文化为载体。所以，中华优秀传统文化里必然蕴藏着中华传统美德。

第二节　传统文化的主要特征

一、中国文化特点诸说

关于中国文化的特点，不同的学者以独有的视角，做出了不同的概括。葛兆光认为中国文化有五个典型的特点：第一，汉字文化。汉字的阅读、书写和通过汉字思维，这个是非常重要的。第二，家国的社会结构。家、家族、家国及在这一社会结构中产生的儒家学说，这是非常有影响力的。这里其实就是两个原则：一是“内外有别”，二是“上下有序”。第三，“三教合一”的信仰世界。第四，阴阳五行的朴素世界观。五行有两大原则：一是相生相克，二是五行可以串联万事万物。第五，中国的天下观念。中国很早就形成了“华夷观念”，认为中国人是文明人，周围人是野蛮人，野蛮人要接受文明人的教化，就形成了一套“天下观念”，即以我为中心想象世界。这个想象和观念逐渐发展，不仅成为一种民族志、地理志里面的文化观念，也形成了政治制度，即“朝贡体系”。

二、中国传统文化的特征

关于中国传统文化的特征究竟有哪些，很多学者也发表了各种不同的意见，比如“自强不息”“刚健有为”“厚德载物”等一直被用来概括中国传统文化的特征。这种总结看起来不错，但是在与外来文化的交往中，我们会发现，世界上的其他民族也有类似的说法。

（一）强大的文化同化力与凝聚力

中国传统文化具有强大的生命力，这种生命力集中表现在它的同化力、融合力、延续力和凝聚力等方面。所谓同化力，是指外域文化进入中国后，大都逐步中国化，融入中国文化而成为其一部分。中国文化的同化力很强。在这方面，最有代表性的例子当数佛教文化的传入和中国化。佛教在公元前五六世纪产生于古印度一带，它与中国传统思想是两种不同的文化，二者的精神实质也是彼此迥异。所谓融合力，是指中国传统文化并不仅仅局限于汉民族文化或黄河流域（长江流域）的文化，而是在汉民族文化的基础上有机地吸收中国境内各少数民族和不同地域的文化，如中原文化、荆楚文化、吴越文化、巴蜀文化和西域文化等，形成了具有丰富内涵的中华传统文化。中华各民族文化，例如历史上的匈奴、鲜卑、羯、氐、羌、契丹、辽和金等民族的文化，都融汇于中国文化的血脉之中。

中国文化的同化力和融合力是在历史中形成的，它不是简单和偶然的文化现象，而是一种文化生命力的表现。具有如此强大的文化生命力的民族，在世界历史上都是少见的。

在漫长的历史年代里，中国文化虽未受到远自欧洲、西亚和南亚而来的威胁，但也屡次遭到北方游牧民族的冲击，如春秋以前的“南蛮与北夷交侵”，十六国时期的“五胡乱华”，宋元时期契丹、女真和蒙古人等接连南下，明末满族入关。这些勇猛剽悍的游牧民族虽然在军事上大占上风，甚至多次建立起强有力的统治政权，但在文化方面，却总是自觉不自觉地向以华夏农耕文化为代表的中原文化学习，结果反而被中原文化所“同化”。这些游牧或半牧半农民族在与中原文化的接触过程中，几乎都发生了由氏族社会向封建社会的过渡或飞跃。军事征服的结果，不是被征服者的文化毁灭、中绝，而是征服者的文化汇入。而在这一过程中，中国文化又多方面地吸收了新鲜养料，如游牧人的骑射技术，边疆地区的物产、技艺，从而增添了新的生命活力。

中国文化的强大生命力还表现在它具有历久弥坚的凝聚力。这种凝聚力具体表现为文化心理的认同感和超地域、超国界的文化群体归属感。西周时期，中华先民便有了“非我族类，其心必异”的观念，表达了从文化心理特质上的自我确认。正因如此，直到今天，数以千万计的华侨华裔，有的在异国他乡生儿育女、传宗接代，但他们的文化脐带，仍然与中华母亲血肉相依，他们未曾忘记自己是中华儿女。虽然他们对华语的掌握程度各异，但思想、举止都是非常中国式的。

（二）求稳务实的农耕文明色彩浓郁

从生活形态来说，中国传统社会主要是农耕社会，因此所体现的中国文化是一种农业文化。这种农业文化的物质基础主导方面和支配力量是在自给自足的自然经济基础上运行的农业。

中华先民从事农业生产和种植是由中华大地的自然条件决定的，黄河和长江哺育的东亚这片土地非常肥沃，适合进行精耕细作的农业种植。几千年来，农民——作为中国人的主体，“日出而作，日落而息”，躬耕田畴，世世代代、年复一年地从事着简单再生产，为国家的发展、民族的壮大贡献着自己的力量。这种农耕社会，铸就了中国人注重实用理性的文化心理，在伦理学领域，不追求形而上的超验的精神世界，而崇尚道德实践，强调对现实的关怀。不像西方文化强调理论理性，重视玄想和思辨。

在以农业为基础的中国，农业生产的节奏与国民生活的节奏息息相通。我国很多传统节日都来源于农事，是由农业节气演化而成的，并不像世界许多其他民族那样，节日多源于宗教。在以农立国的文化氛围内，自然便产生了重农思想，由此中国人很早就认识到农业耕种既是个体财富的来源，也是国家财富的来源。务实精神就是“一分耕耘，一分收获”的农耕生活导致的一种群体趋向。中国普通民众在农业劳动过程中领悟到的一条朴实真理就是：利无幸至，力不虚掷，说空话说大话是无济于事的，踏踏实实做事才能有所收获。这种农民的务实作风也感染了中国的士大夫阶层，“大人不华，君子务实”是中国士人阶层一贯倡导的精神。正是这种民族性格使中国人发展了实用理性，而不太注重纯理论的玄思，亚里士多德式的不以实用为目的，而由探求自然奥秘的好奇心所驱使的文化人，较少在中国产生。作为农耕民族的中国人从小农业的简单再生产过程中形成的思维定式和运思方法是注意切实领会，并不追求精密谨严的思辨体系，被西方人称为“最善于处理实际事务”的民族。吃苦耐劳、生生不息也是我们这个农业民族的重要特征。农业社会中的人们满足于维持简单再生产，缺乏扩大社会再生产的能力和条件，致使社会运行的节奏缓慢迟滞。

（三）家国同构的宗法文化

中国古代史的发展脉络，不是以奴隶制的国家代替由氏族血缘纽带联结起来的宗法社会，而是由家族走向国家，以血缘纽带维系奴隶制度，以家族为本位，形成“家国一体”的格局。也就是说，家庭的扩大是家族，家族的扩大延伸就是国家。由于氏族社会的解体在我国完成得很不充分，因而氏族社会的宗法制度及其意识形态的残余大量积淀下来，几千年中，我国社会并未长期存在古代印度和欧洲中世纪那样森严的等级制度，家不仅是生活单位，而且是生产单位，社会组织主要是在君臣、父子和夫妇之间的宗法原则指导下建立起来的。

宗法制度在中国根深蒂固，不仅由于氏族社会解体极不充分，还由于此后长期自然经济的延续和发展，“鸡犬之声相闻，民至老死不相往来”的村社构成中国社会的细胞群，传统社会的家庭不只是一家一户的家，还要扩大、辐射到“家族”。而这些村社中又包含家庭宗族与邻里乡党两大网络，由家庭而家族，再集合为宗族，组成社会，进而构成国家。中国人注重族姓源流。以家族为本位的社会关系的基本单元是“宗族”。在宗族内，每一个人都不被看作独立的个体，而起码要和上下两代人（父、子）发生关联，这样，父亲、自己、儿子就形成三代，这是一个以“自己”为核心的最基本的“宗族”。如此，可以再画同心圆。在宗法观念下，个人是被重重包围在群体之中的，因此，每个人首先要考虑的是自己的责任和义务，所谓的“尽伦”，如父慈、子孝、兄友、弟恭之类。中国人除一面为皇帝的臣民之外，在亲子之间便是他父母的儿女。从“亲亲为大”的观念出发，可以引申出对君臣、夫妻、长幼、朋友等关系的一整套处理原则，这些处理原则是以“义务”观念作为核心的。正是由于传统文化重家族轻个人、重群体轻个体，因而总是强调个人在群体中的义务和责任，而忽略了个人在社会中的权利，缺乏个性伸展，于是就使得“人皆可以为尧舜”的道德平等意识不具有逻辑自洽性，而法治在这样的系统之内也就没有用武之地。

（四）尊君重民融为一体

中国长期运作的农业自然经济，是一种少有商品交换、彼此孤立或老死不相往来的经济。在这种土壤中生长起来的社会是极度分散的，需要有高高在上的集权政治加以统合，以抵御外敌和自然灾害，而专制君主就是这种人格化的统合力量。同时宗法农业社会的正常运转，又要依赖以农民为主体的民众的安居乐业，家国方得以保全，否则便有覆灭崩溃的危险。因此，“民为邦本”的思想传统也是农业宗法社会的必然产物。“尊君”和“重民”相反而又相成，共同构成了中国传统政治文化的一体两翼。

中国传统农业社会由千百个极端分散、彼此雷同的村落和城镇组成。但是，对外抗御游牧人的侵袭、对内维持社会安定又是这个农业社会的全民性需要，这就有建立统一的、权威巨大的帝国的必要。

与集权主义相伴生的是中国农业社会另一个影响深远的政治意识，这便是“民本主义”。民本主义严格划分“治人者”与“治于人者”，它是从治人者的长治久安出发，才注意民众的力量和人心向背的。中国历代封建统治者及知识分子，一方面强调“国以民为本”，另一方面又强调“民以君为心”，在他们看来，“尊君”与“重民”是统一的。

（五）重人伦轻自然

中国文化以“人”为核心，儒家追求的“仁”就是“爱人”，所谓“仁，人心也”“仁者，人也”。它表现在哲学、伦理、史学、教育、文学、科学及艺术等各个方面，追求人的理想，追求人的完善，提升人的意义和价值，追求人与自然、人与人、人与社会之间的和谐，表现出鲜明的重人文、重人伦的特色。由于受不发达的小农经济的影响，重视直接经验，轻视书本知识，忽视对自然界本身的认识和改造。儒家思想在这方面表现特别明显。以孔子为例，《论语》中虽有关于自然知识的材料，并涉及天文、物理、化学、动植物、农业、手工业等方面的现象，资料丰富，但究其内容只是把自然界的相关知识视作小技，没有去探讨自然界的秘密。例如，《论语》中记载，孔子说，“仁者乐山，智者乐水”。相反，樊迟问稼穑之事，却被鄙为“小人也”。后来，西汉的董仲舒和唐朝的韩愈等都继承了先秦儒家轻视自然的传统。到了宋明理学就直接把学习伦理道德知识视作唯一真正的学问。

第三节 传统文化的主要精神

中国古代文化是中华民族的先人在改造自然、发展自己的过程中创造的物质财富和精神财富，体现了他们对自然、对社会和人生的认识及感悟，充满了智慧，体现了中华民族的心理特征、文化传统、精神风貌和价值取向，集中体现在中华民族五千多年的文明史中，蕴藏在古代文化的典籍中，体现在古代志士仁人的思想和行动里。在学习古代文化时，要注意挖掘其中蕴藏的民族精神：以人为本的人道主义精神，团结统一、爱好和平的和谐意识，忧患意识和爱国主义思想，与时俱进、自强不息和变革的思想，浩然正气的正道之行和道德情操，有容乃大的开放意识和博大胸怀，天下为公、大同小康的社会理想，天人合一、自然与社会统一性、整体性的思想，宽恕仁爱、厚德载物的精神，崇尚气节的人格修养，守信敦厚、忠于职守的诚实态度，国家利益至上的价值观念，舍生取义、勇于牺牲的英雄精神，尊老爱幼、孝敬父母的孝道传统，以及勤俭节约等。

一、中国传统文化基本精神诸说

中国传统文化的基本精神，是中华民族延续发展的精神动力，实质上就是中华民族的民族精神。关于中国传统文化的基本精神，学术界有诸多不同看法。

中国传统文化长期发展的思想基础，可以叫作中国传统文化的基本精神，文化的基本精神是文化发展过程中的精微的内在动力，即指导民族文化不断前进的基本思想。中国传统文化的基本精神就是中华民族在精神形态上的基本特点。因此，刚健有为、和与中、崇德利用、天人协调，这些就是中国传统文化的基本精神之所在。中国的民族精神基本凝结于《周易大传》的两句名言之中，这就是："天行健，君子以自强不息；地势坤，君子以厚德载物。""自强不息、厚德载物是中国传统文化的基本精神。""中庸"观念，虽然在过去广泛流传，但是实际上不能起推动文化发展的作用。所以，不能把中庸看作中国传统文化的基本精神。中国传统文化的基本精神还表现为以德育代替宗教的优良传统。杨宪邦认为，以自给自足的自然经济为基础的、以家族为本位的、以血缘关系为纽带的宗法等级伦理纲常，是贯穿于中国古代的社会生产活动和生产力、社会生产关系、社会制度、社会心理和社会意识形式这五个层面的主要线索、本质和核心，这就是中国古代传统文化的基本精神。中国的民族精神大致上可以概括为四个相互联系的方面：①理性精神。集中表现为：无神论传统历史悠久，以儒释道组成的中国传统文化，从实质上来说，探讨的就是人的问题。因此，从一定意义上来说，也可以称为人学。②自由精神。这首先表现为人民反抗剥削阶级统治的斗争精神。同时，在反对外来民族压迫的斗争中，统治阶级中某些阶层、集团和人物，也积极参加这种斗争。这说明在中国统治阶级思想文化传统中，同样有着酷爱自由的积极方面。③求实精神。先秦儒家主张"知之为知之，不知为不知"，知人论世，反对生而知之；法家反对"前识"，注重"参验"，强调实行，推崇事功；道家主张"知人""自知""析万物之理"。这些都是求实精神的表现。④应变精神。中国传统文化的基本精神可以概括为"刚中而应，大亨以正""刚健文明，生生不息""博大无私""正德、利用、厚生""不为物蔽，不为形断"及"仁"的精神。此外，丁守和认为，中国传统文化还具有发展的观点、自强不息和好学不倦的精神。庞朴认为，中国传统文化的精神是人文主义。这种人文主义表现为：不把人从人际关系中孤立出来，也不把人同自然对立起来；不追求纯自然的知识体系；在价值论上是反功利主义的；致意于做人。

中国传统文化的人文精神，给我们民族和国家增添了光辉，也设置了障碍；它向世界传播了智慧之光，也造成了中外沟通的种种隔膜；它是一笔巨大的精神财富，也是一个不小的文化包袱。

二、中国传统文化的主要精神

当前我国正处于一个伟大的民族复兴阶段，全面建成小康社会的关键时期，必须认真发掘传统文化的真精神，在促成民族繁荣进步的基础上，把我国优秀的文化贡献给当今人类社会。

（一）以“正”“仁”“和”为精神标识

要把优秀传统文化的精神标识提炼出来、展示出来，把优秀传统文化中具有当代价值、世界意义的文化精髓提炼出来、展示出来。体现文化精神标识的方式多种多样，可以是图形、文字，也可以是人物，就“中华优秀传统文化的精神标识”而言，最具代表性的具象形式首数汉字。中华优秀传统文化精神是历史长河中的一盏明灯，“正”“仁”“和”等观念包含着中华民族对真善美的向往与追求，不仅凝聚着中华民族历史、现实与未来的思想、情感和期望，而且与世界各国人民对美好生活的向往与追求相融相通。

1.“正”，中华文化意蕴的核心表达

“正”含“是”（正确）之义。“从止，一以止”。“一”为何？“一”即“道”，为宇宙万物发展变化之规律。如何才能达“道”？谨守“是”之要求。它要求人们不仅要培养顽强拼搏、自强不息的精神，还要遵循实事求是的基本原则，把握事物的客观基本规律。

“正”含“中”之理。“正”取“中”“不偏”“中正”之义。所呈“中正”“不偏不倚”“正义”“公平”之象，是中国人做人做事的准则。它既是“德”的体现，也是“法”的要求；既是中国传统文化的核心理念，也是社会主义伦理公平、机会公平和分配公平的要求。它与西方“正义”“平等”精神和其他国家的人民对正直、公平的价值追求存在“重叠共识”。“正”含“规矩”之要求。它要求人们把自己放置于社会关系中，以角色要求为标准，在生活中表现出与身份相符的行为举止。只有内正心，方可外正行。如果人们都依此行事，世间纷争必定大为减少，世界将更加安宁有序。“正”所蕴含的内容，不仅全面立体地诠释了中国人对宇宙、社会治理和个体生命的理解，也蕴含着各国人民对正直、公平和正义的价值追求。

2.“仁”，中华文化的道德价值内核

“仁”者，“从人，从二”，引申为人与人的相处之道。如何相处？《易经》给出答案：因循天地之道而行事，修成“仁”，方能以浩然正气立于人世间。“仁，亲也。”“仁”始于“孝亲”，“上下相亲谓之仁”。行“仁”之人在于“志于仁”。首先，立志于行“仁”之人，无论顺境还是逆境，不会轻易做“违仁”之事；其次，行“仁”之人，不会为了苟活而背弃理想和原则，甚至能以“杀身成仁”的气概不悖自己的理想；再次，行“仁”之人，以“能近取譬”的思维，以己立立人、己达达人的视角，设身处地为他人着想；最后，行“仁”之人，因其行符合人性之需，无论是处事、教民、施政，皆求仁得仁，可达“仁者无敌”之境。“仁”是中国道德价值的内核，其蕴含的“爱”“良善”“仁厚”之意，为人性所共有，既是社会主义核心价值观中“友善”的文化根脉，也是世界各国文化“价值重叠”最高的内容。中国由“己”、由“亲”、由“孝”往外推演的“仁”，比西方的“博爱”观念更符合人性实际，更利于操作、实施和推广。“爱”为世人所需要，大学生思想政治教育以此为出发点，更容易为师生所认同和接受，是很好的情感入口。

3.“和”，中华文化追求的终极目标

“和”由“禾”“口”组成，暗喻人以谷物为生，以食为天。“和，相应也”“谐，和也”。“和谐”为配合、适当、匀称之义，具有丰富内涵，包含自我之“和”、人际之“和”、国家之“和”和天人之“和”，是中华传统文化追求的终极目标。自我之“和”，意在身心协调，不仅是自古至今中国教育所追求的目标，也是世界各国教育的共同向往。人际之“和”，意在“和而不同”，保持差异与独立，承认不同，尊重不同，善待他人，有助于形成平等基础上相融互补的和谐局面。国家之“和”，意在“协和万邦”，“和”既是中华民族处理国际关系的目标追求，也是化解国家之间矛盾冲突所遵循的基本规范。天人之“和”，意在“致中和”，达到此，便可达到“万物并育而不相害，道并行而不相悖”的状态，进而达到“天人合一”的境界。

（二）人文精神

人文精神在炎黄时代已有其萌芽，孔子继承了商周的人文精神，又有创造性发展。其特征是重视人的道德修养，主张通过自身的修养和学习，成为高尚的、有理想的人。因而古代的人文精神特别重视礼仪，提倡德治，追求社会的和睦相处，并最终建立一个“天下为公”的世界。这些人文精神培育了中华民族积极进取、坚忍不拔、敬老养老、救济孤残、勤俭治家治国等传统美德。

（三）自然精神

古代各个学派都从不同的方面探讨了人与自然的关系，即天人关系。《老子》一书提出的“道法自然”，是中国传统文化中自然精神的出发点，强调要如实认识自然，不要附加人的主观想象。而《庄子》一书则强调人们应当尊重自然、爱护自然，提出了保护生态平衡的卓越思想。

（四）奇偶精神

我们的祖先在劳动实践中创立了“阴”和“阳”这两个哲学概念。当人们用这两个概念来解释自然和人事变化的时候，又在数字方面归纳出“奇”“偶”概念。例如，从“五音”“五色”“五味”中的“五”看事物的构成与变化。唐代后，中医又受“八卦”说的影响。奇与偶的离合，成为古代思维方式的一个显著特征。于是相生相克、安危、动静、盈缺、尊卑、知行等相对的概念便应运而生。孔子的“中庸”说、老子的“抑举损补”理论等，都是这种“奇偶”变化的理论说明。宋儒所说的“一分为二”，也是奇偶的结合。观察“一”，要看到它自身的“二”，最后又归结为“一”，这时人们对于某事物才有了真切的认识。

（五）会通精神

中国传统文化是国内各民族人民共同创造的结果，同时也吸收了外国的优秀文化，这种不断吸纳并完善的特质，就是会通精神。

（六）刚健自强，生生不息

中国文化凸现了积极有为、自强不息的精神，强调“苟日新，日日新，又日新”，革故鼎新，创造进取。所谓“发愤忘食，乐以忘忧”“天行健，君子以自强不息”，就是指人要向天地学习，以刚毅的精神，生生不息，奋斗不止，绝不懈怠。中国人因此创造了世界上独特的文明，而且是世界上唯一未中断的文明。无数的仁人志士奋发前行，不屈服于恶劣的环境与外来侵略者的凌辱压迫，刚健坚毅精神代代相传。

（七）民为邦本，本固邦宁

中国传统文化强调“天视自我民视，天听自我民听”“民之所欲，天必从之”“人无于水监，当于民监”“民为贵，社稷次之，君为轻”。民本主义肯定人民是主体；人君之居位，必须得到人民的同意；保民、养民是人君的最大职务。

（八）整体把握，辩证思维

中国古代不缺乏抽象思维，有明确的概念、范畴。古代辩证思维发达，这属于理论思维，包含了抽象过程。中国思维有两大特征：一是整体观，二是阴阳观。前者从整体上把握世界或对象的全体及内在诸因素的联系性、系统性，反对头痛医头、脚痛医脚；后者重视事物内在矛盾中阴阳关系的对立与平衡。

（九）经世务实，戒奢以俭

我国传统文化中有现世与实务精神，强调知行合一、践行尽性、经国济民，兼重文事武备、明理致用，反对空谈高调；又有尊重劳动的精神，倡导勤俭节约，力戒骄奢淫逸，鄙视不劳而获。

第二章
传统文化融入高校思政教育的基本原则

第一节　坚持马克思主义的正确指导原则

一、马克思主义是思想政治教育的指导思想

我们必须在思想政治教育中坚持马克思主义的主体指导思想，将传统文化融入高校思想政治教育时要正确把握中国传统文化与思想政治教育的内在关系，正确把握中国传统文化在当代思想政治教育中的应有地位。应该说，对中国传统文化的研究，必须坚持以马克思主义为指导，二者之间是支援意识与主导意识的关系，我们在努力挖掘中国传统文化的思想政治教育资源时，必须将中国传统文化视为思想政治教育理论的支援性资源，而不能本末倒置。

（一）马克思主义的主要内容

1. 马克思主义基本理论

马克思 1847 年用法文写成《哲学的贫困》，从而以论战的形式向世人公开了马克思恩格斯的理论。但由于这部著作影响不大，因而真正标志着马克思主义诞生的，是后来的《共产党宣言》。《共产党宣言》以唯物史观为基础，科学论证了社会主义必然会代替资本主义，并着重阐述了社会主义的科学性，奠定了无产阶级政党学说的基础，它的发表是马克思主义问世的标志。

当然，《共产党宣言》的发表，正像它的书名所标示的那样，带有宣示和象征的意义。我们当然可以说它是马克思主义第一次系统的表述，是马克思主义诞生的标志，但这并不意味着马克思主义理论在这时已经很完整了，并不意味着马克思主义的产生过程至此终止。恩格斯说过，马克思有两大发现：一是唯物史观，二是剩余价值学说。这是马克思主

义理论体系的两大理论基石。《共产党宣言》中体现了马克思的第一大发现，他的第二大发现则体现于他后来写成的巨著《资本论》。《资本论》第一卷于 1867 年 9 月出版，在这一巨著中，马克思深入分析了商品、货币、资本、剩余价值，创立了科学的劳动价值论和剩余价值理论，揭示了资本主义生产方式运作过程和剥削工人的秘密，论述了资本主义积累的一般规律和资本主义生产方式必然灭亡的历史趋势。马克思的政治学说，特别是关于阶级斗争和无产阶级历史使命的学说，确实是马克思主义理论的重要基石。如果说唯物史观代表的是哲学的变革，剩余价值学说代表的是经济学上的变革，那么无产阶级历史使命学说代表的则是社会主义学科尤其是社会主义政治学说的变革。

2. 中国化马克思主义

马克思主义自其诞生之日起，便以不可阻挡之势日新月异地发展起来，指导着世界各地无产阶级的革命斗争与社会主义建设事业。马克思主义之所以成为指导各地无产阶级革命事业的科学理论，就在于其始终能够与各国革命的具体实际相结合，不断形成新的理论成果，保持了其自身的生机与活力，并推进了无产阶级事业的不断向前发展。马克思主义是科学的理论，创造性地揭示了人类社会发展规律。中国共产党人在马克思主义的科学世界观和方法论的指导下，紧紧把握中国革命和建设工作的特点，将马克思主义与中国特色相结合，全面推动马克思主义中国化，找到了革命、建设、改革的正确道路，同时发展成为成熟的无产阶级政党。

（二）马克思主义的教育意义

1. 马克思主义对培养大学生树立正确哲学思维的指导作用

马克思主义世界观和方法论在高校教育中有着重要的作用，因为它能帮助大学生建立正确的世界观和人生观，培养正确的哲学思维。通过对马克思主义基本原理的学习，大学生可以建立起科学的唯物主义思维，并从这个思维出发去探索这个世界和自己的人生，他们会懂得辩证地思考遇到的问题。哲学思维能力与思想政治教育密切相连，正确的哲学思维能够使大学生通过思考明辨是非，自觉站在正确的政治立场上，形成社会主义社会所需要的思想观念和道德规范。马克思主义的基本原理给人们提供了一个看待事物和问题的新思维。高校的思想政治教育也要求大学生要辩证地、科学地、尊重事物客观规律地去看待问题，要实事求是，这和马克思主义的基本原理是一致的。因此，我们要发挥马克思主义在培养大学生正确哲学思维中的指导作用，要求大学生看问题不能过于片面，而是必须实事求是，也不能只将认识停留在表面，而要去进行实践，只有实践得出的知识才是实用的、符合标准的，也就是“实践出真知”。任何真理的检验都必须通过实践得来，在不断的实践中，大学生也能提高自己分析问题、解决问题的能力。同时，马克思主义的唯物史观也是正确认识社会发展规律的最好思维。现在这个社会复杂多变，中国也正在进行社会转型，这就更要求大学生要能正确地看待周遭的一切，认识到世界变化的规律和本质，这样才能把握好投身于社会主义建设的方向，而这同样也是当代大学生思想政治教育中的中心问题，是任何思想政治教育工作者都必须清楚的问题。在高校思想政治教育中，以一种唯物史观的眼光来看待问题，就能给思想政治教育提供指南。由此可见，高校马克思主义教育与思想政治教育二者是高度统一的，马克思主义教育给思想政治教育提供了根本的指导原则，思想政治教育将马克思主义应用于实践中检验，既发挥了理论对实践的指导作用，又落实了马克思主义中国化、具体化的工作原则。高校思想政治教育的根本目的，就是要传播马克思主义世界观和方法论，在思想方法上培养大学生正确的哲学思维能力。要进行正确的哲学思维，就需要以马克思主义为指导，用好马克思主义的基本理论。现在的大学生群体中出现了一些不好的思想，看待问题简单肤浅，而且缺乏全面深入的考究，没有能够透过现象看到事物的本质，而且还往往以偏概全。究其原因，主要还是在于大学生没有形成正确的唯物辩证的哲学思维方法，没有掌握好观察、分析、认识社会的科学方法，因而缺少站在正确的立场上明辨是非的能力，自然也就无法把握事情发展的规律，找不到解决问题的正确方式。

2. 马克思主义教育对大学生确立正确人生观和价值观的指导作用

在高校思想政治中坚持马克思主义的指导原则，还能帮助大学生树立起爱国主义、集体主义观念。马克思主义十分科学地揭示了人的本质，马克思主义认为，人的本质其实是所有社会关系的总和。马克思主义的这个认识，也就给大学生正确树立价值目标奠定了基础。每个人都不是孤立存在的，都应该作为集体的一员而存在。既然如此，就需要遵守集体的规则，在个人利益与集体利益冲突的时候，要做好自己的选择。要明确个人的发展目标，知道人为什么活着，这就是人生观的大问题，这个问题不解决，人活着也没有意义。马克思主义的人生价值观是以辩证唯物主义和历史唯物主义为指导的，是以集体主义为原则的，其核心是为人民服务的思想，这正是马克思主义中国化的重大成果之一。马克思主义认为，一个人的人生价值并不从生命的长短中体现出来，也不以人在社会中的地位怎样来体现，同样不以人的财富、权力来体现，而主要以一个人为社会做出了多大的贡献来体现。一个人的个人价值和社会价值是联系在一起的。人类最终的价值目标是共产主义社会的实现。因为只有到了共产主义社会，才能够真正地实现人的自由而全面的发展，也只有共产主义社会才是一个真正公平公正的社会，人类从古至今对于公平公正的追求，都是为了这一天的实现。可见，人类最终的价值目标和共产主义是联系在一起的。共产主义力求建立一个公平公正的社会，应该成为人类社会的最高追求。所以，共产主义社会凝聚了我们全人类共同的追求，承载着我们人类所有的理想与追求，实现这样一个社会，是我们每一个人共同的愿望、共同的梦想。共产主义社会的实现是一个长期的过程，要实现这一崇高目标，需要我们所有人都努力，都要做出奉献，大学生作为社会的精英分子，更要如此。如果每一代人都不懈努力，共产主义的实现就不会遥远。在这个过程中，个人的价值也会得以充分体现。因此，马克思主义的这些思想，对于大学生树立爱国主义、集体主义观念是非常具有指导意义的，它能帮助大学生看清是非黑白，能够看清人们的行为目的，也能对国内国际的形势、变化做出正确的判断，从而让自己有正确的立场，做正确的事，把自己的前途命运同国家和民族的前途命运联系起来，明确当代青年人的责任担当和时代召唤，能够明确自我的发展目标，学好专业知识技能，提升个人综合能力，自发地为国为民贡献自己的力量。也才能明白自己这样去做，把自己放置在一个层次较高的位置，自己的个人价值也会得到最大化的体现，才能实现自己的人生目标。

3. 马克思主义教育有利于大学生树立正确的理想与信念

高校思想政治教育说到底，就是要让大学生有正确的理想和信念。理想和信念对于大学生来说是很重要的。理想是我们想要成为一个什么样的人、想要做出的大事，信念则是我们认为必将成为事实的观点和看法。信念能让一个人执着于自己的理想和目标不动摇。拥有正确的理想和信念就不一样了，它能帮我们抵御外在的诱惑，让我们按正确的心愿、以正确的方式走向未来。这个正确的理想和信念从哪里来，就要从马克思主义中来。马克思主义有着科学的人生观、世界观和价值观，大学生如果能对马克思主义真信、真学、真懂、真用，就必然会确立起共产主义和中国特色社会主义的理想与信念。高校思想政治教育则要帮助大学生真正理解马克思主义，让大学生产生对共产主义的向往和追求心理，有了这种理想和信念，大学生在做人做事时才不会动摇，才会坚持不懈地去行动，遇到错误思想时也能运用马克思主义的批判精神予以反击，对自己的问题进行深刻的反省，以便尽快找到正确的道路，进行调整和选择。

4. 马克思主义教育有利于大学生树立正确的政治立场

马克思主义世界观和方法论融进高校思想政治教育当中，具有很大意义，特别是在意识形态领域的意义很大。马克思主义世界观和方法论不仅是一种科学的理论体系，而且从一开始就表明了它的阶级属性即为无产阶级的革命和解放服务的科学理论。马克思主义世界观和方法论教育融进高校思想政治教育中，是以真正科学的理论武装大学生、教育大学生。这种教育，就是帮助大学生树立起无产阶级的意识形态。因此，大学生思想政治教育必须注重马克思主义理论的意识形态教育，不然就会和高校思想政治教育的根本目的和方向背道而驰。就马克思主义的理论品质来说，它是批判的革命的理论，它是无产阶级和所有劳动大众的意志和利益的集中体现，是无产阶级和劳动大众进行阶级斗争的有力思想武器。正是由于马克思主义的阶级属性，使它成了无产阶级及其政党的指导理论，成了社会主义国家的国家意识形态。因此，对大学生进行思想政治教育，必须以马克思主义世界观和方法论为指导，帮助大学生树立正确的政治立场。立场的准确与否，事关重大，必须在马克思主义的指导下，明确个人身份，了解个人任务，选择并坚持正确的政治立场，为之奋斗不已。

总的来说，高校的思想政治教育不仅能帮助大学生接受马克思主义科学的世界观和方法论，提高大学生认识问题和解决问题的能力，而且能使其树立正确的政治立场，提高思想政治素养，使其成为社会主义事业的合格建设者和可靠接班人。对于当代大学生而言，特别是通过学习中国化的马克思主义，即毛泽东思想、邓小平理论、“三个代表”重要思想、科学发展观、新时代中国特色社会主义思想可以帮助大学生从理论上和实践上正确认识中国特色社会主义革命与建设的经验与教训、中国走社会主义道路的历史必然性、中国社会主义革命的胜利和中国特色社会主义建设取得的成就，特别是改革开放以来所取得的伟大成就。所有这些成就的取得，都在于以马克思主义世界观和方法论为指导，以及中国共产党的正确政治领导。

二、中国传统文化与马克思主义的关系

中国传统文化的思想教育价值，一方面体现在中国传统文化中的许多内容属于科学的世界观、方法论的范畴，可以直接促进受教育者的思想素质提高；另一方面体现在中国传统文化能够促进马克思主义的中国化，促进人民对于马克思主义的理解运用和掌握，从而间接促进受教育者的思想素质提高。

总的来说，马克思主义传播离不开中国传统文化。马克思主义是科学理论，这是毋庸置疑的。但它在中国进行传播和指导，首先要依靠中国传统文化，这是中国思想领域范围里重要的内容，已经深入中国人心目中，无法更改。马克思主义中国化的过程，就是马克思主义与中国传统文化相融合的过程。

（一）马克思主义理论教育是在中国文化的土壤中进行的

高校思想政治教育是一个系统工程，其中最为重要的就是思想政治教育的内容体系。

而高校要达到思想政治教育的目的，其中内容的结构体系就一定要是科学的、完整的。其中，马克思主义理论教育就特别重要，直接体现了高校思想政治教育的目的和任务。

所谓思想政治教育内容，就是一定社会为了实现其根本任务和目标，在思想政治教育活动中，教育工作者（教育主体）通过一定的方式和手段对受教育者（教育客体）传递的思想观念、政治观点、社会道德规范等知识系统。思想政治教育的内容必须体现思想政治教育的根本任务和目的要求。《中共中央国务院关于进一步加强和改进大学生思想政治教育的意见》规定了现阶段思想政治教育的重要任务，包括“以理想信念教育为核心，深入进行树立正确的世界观、人生观和价值观教育”“以爱国主义教育为重点，深入进行弘扬和培育民族精神教育”“以基本道德规范为基础，深入进行公民道德教育”“以大学生全面发展为目标，深入进行素质教育”等内容。要想实现这样的目标，高校思政教育工作必须与时俱进，根据不同对象的思想实际情况确定具体内容。

我国是社会主义国家，有着自己的文化土壤，马克思主义理论教育就是以马克思主义为指导，在中国所处的时代和框架下，在中国传统文化的土壤中进行的。在这个过程中，马克思主义经过实践活动实现中国化的转化，成为中国化的马克思主义；中华传统文化经过创造性的转化，成为社会主义新时代的新文化。通过对大学生进行思想政治教育，让大学生接受马克思主义的思想观念、政治观点和社会道德观。我国高校思想政治教育的具体内容，就是将上述马克思主义的思想观念、政治观点和社会道德观通过这个基础，全面系统地传输给学生。在这个过程中，必须注意的是我国传统文化内容繁多，涵盖面非常广，其精华和糟粕并存，有时很难进行区分。在此背景下，如果不加区别，很容易将马克思主义与糟粕文化进行相生，从而难以体现其实效性。因此，需要人们理性看待我国的传统文化，将其与时代精神和现代价值观结合，明确中国传统文化的精华内容，以实现二者之间的相生。

（二）马克思主义与中国传统文化相契合

马克思主义和中国传统文化具有高度的契合性。一方面，马克思主义推动了中国传统文化向现代化方向发展；另一方面，中国传统文化不断为马克思主义提供丰富文化内涵，使其具备中国元素和特点，更加符合我国当前发展的实际需求。道德的培养和建设，马克思主义和中国传统文化都有历史传承性，都是在总结前人基础上创造出来的。马克思主义不是一时形成的，而是在很长的时间中逐渐得以形成的。马克思用了 20 年的时间来对其进行仔细的研究，最终才把唯物史观和剩余价值学说有机地结合了起来，与共产主义理论有机地结合了起来。与此相同的是，中国传统文化也是逐渐完善和发展起来的。

（三）马克思主义要与中国传统文化结合才有生命力

首先，近代中国特有的环境决定了马克思主义和中国传统文化结合的可能性。十月革命以后，觉醒的中国人在向世界看的过程中，发现只有马克思主义才能拯救中国人民于水火之中。而在引入马克思主义以后，中国也确实发生了翻天覆地的变化。马克思主义给中国人民带来了新的思想、新的思路，这些新思想、新思路必须走与中国传统文化相融合的道路，才能适应中国国情，才能对中国革命工作发挥指导作用。二者相遇后，这种融合是自然地碰撞在一起的，这种自然的发生，有赖于中国共产党人对国情的深刻把握。中国化的马克思主义理论，才能有力地指导中国人民的革命行动。

其次，马克思主义与中国传统文化的互补成了两者结合的必要性。要注意把握传统文化的特点，认识到如果不接受任何外来的思想，一味地守旧，只能走入文化发展的死胡同。中国传统文化需要和优秀的外来文化结合才能焕发出生命力。这种情况下，马克思主义融入中国文化就成了最好的注解。马克思主义还在这个过程中发挥了指导性的作用，让大家知道，中国要发展，就需要借鉴和学习中国传统文化中好的有益的东西，去除不好的东西，也要让马克思主义更好地扎根在中国人民中间。

再次，马克思主义和中国传统文化的结合很科学。马克思主义诞生以来，人类社会发生了翻天覆地的变化，马克思主义在时代变迁中不但没有黯然失色，反而历久弥新，更加散发出真理的光芒，不断焕发出新的生命力，奥妙就在于马克思主义具有与时俱进的理论品质。马克思主义能在世界上广泛传播，就足以证明马克思主义是符合社会发展规律和要求的，能够为我所用。而且那些将马克思主义和自己的传统文化结合得很好的地方，其进行的革命都取得了成功。

最后，将马克思主义和中国传统文化结合起来是有远大前途的。一些地方以前坚持马克思主义的指导，但是后来并没有利用好马克思主义，或者放弃了马克思主义，结果给国家造成了无穷的灾难，例如20世纪80年代末的东欧剧变等。还有的国家不能正确运用马克思主义，不能与时俱进，也阻碍了自己的发展。相反，只有一以贯之地坚持马克思主义的指导，正确对待马克思主义，国家才能走在良性发展的道路上，中国改革开放以来取得的巨大成就就足以说明这一点。因此，我们必须坚定地坚持马克思主义的指导原则不动摇，并且与时俱进，将其和我们的国情、传统文化紧密结合起来，这样我们才能解决发展过程中遇到的问题，大踏步地前进。可以说，中国共产党的历史，就是一部把马克思主义基本原理同中国具体实际相结合、不断推进马克思主义中国化的历史。马克思主义中国化要求党和人民将马克思主义与中国国情相结合，指导人们进行实践。同时，将中国传统文化融合到马克思主义中，可以使其具备中国特色。

第二节 坚持社会主义核心价值观原则

中国传统文化是中国人得以发展和壮大的精神根基，其中有很多思想都有巨大的价值。而我们的社会主义核心价值观，其理论渊源就是中国传统文化。因此，将中国传统文化融入高校思想政治教育，就必须坚持社会主义核心价值观原则。

一、社会主义核心价值观是思想政治教育的主要内容

推进马克思主义中国化、时代化、大众化，坚持不懈用中国特色社会主义理论体系武装全党、教育人民。广泛开展理想信念教育，把广大人民团结凝聚在中国特色社会主义伟大旗帜之下。大力弘扬民族精神和时代精神，深入开展爱国主义、集体主义、社会主义教育。倡导富强、民主、文明、和谐，倡导自由、平等、公正、法治，倡导爱国、敬业、诚信、友善，积极培育社会主义核心价值观。

其中，“富强、民主、文明、和谐”是我国社会主义现代化国家的建设目标，也是从价值目标层面对社会主义核心价值观基本理念的提炼，在社会主义核心价值观中居于最高层次，对其他层次的价值理念具有统领作用；“自由、平等、公正、法治”是对美好社会的生动表述，也是从社会层面对社会主义核心价值观基本理念的提炼；“爱国、敬业、诚信、友善”是公民基本道德规范，是从个人行为层面对社会主义核心价值观基本理念的提炼。24 字价值观，是对社会主义本质、中国精神、价值资源、时代精华的高度概括和提炼。

深入挖掘中华优秀传统文化蕴含的思想观念、人文精神、道德规范，结合时代要求继承创新，让中华文化展现出永久魅力和时代风采。这些要求的提出，进一步明确了社会主义核心价值观的重要地位和现实意义，对思政教育全面落实社会主义核心价值观工作提出了明确的要求和具体的举措。

马克思主义指导思想是社会主义核心价值体系的灵魂，是我们立党立国的根本指导思想，是社会主义意识形态的旗帜和灵魂，只有坚持马克思主义指导思想，才能有效引领和整合社会思潮，在尊重差异中扩大社会认同，在包容多样中构成思想共识，团结不同社会阶层、不同认识水平的人们共同进步。中国特色社会主义共同理想是社会主义核心价值体系的主题，集中地代表了我国各族工人、农民、知识分子和其他劳动者、爱国者的共同利益和愿望，是保证全体人民在政治上、道义上和精神上团结一致，克服任何困难，争取胜

利的强大精神武器。

思想政治教育的主要目的是培养人们对社会主义的认同，对此，社会主义核心价值观就具有了指导性意义。因此，当前高校思想政治教育的首要任务之一就是培育和践行社会主义核心价值观。

（一）社会主义核心价值观的重大意义

社会主义核心价值观既是对马克思主义的继承，也是对中国传统文化的继承。马克思主义是社会主义核心价值观的基础，可以说，实现“每个人的自由而全面的发展”是马克思主义的核心价值观，是社会主义价值体系的终极目标。自从我国实行改革开放以来，中国共产党就一直努力把马克思主义的核心价值观和中国特色的社会主义融合起来，不断创新，在此基础上提出了一些科学的新思想和新理念。从邓小平高度重视价值观建设到江泽民对领导干部提出“三观”（事业观、工作观、政绩观）要求、胡锦涛提出以人为本为核心的科学发展观、习近平重提坚持马克思主义群众观，都是社会主义核心价值观的理论依据和现实依据，是对马克思主义核心价值观的有效延伸。马克思主义学说是使无产阶级和全人类摆脱压迫、摆脱剥削和摆脱人的异化，把每个人的全面自由发展作为未来理想社会的基本原则、发展方式和价值目标，表现的是对人们终极的关怀。在马克思看来，社会主义是“以每个人的全面而自由的发展为基本原则的社会形式”，“每个人的自由发展是一切人自由发展的条件”。中国共产党领导的中国特色社会主义建设，讲求的是“以人为本”，这是对马克思主义学说的继承和发扬，以人为本就是承认人民群众在国家和社会中的主体地位。“为民”“务实”“清廉”的群众观，将“为民”作为社会主义的终极目标，也是最高价值的实现形式，揭示了社会主义的本质内涵和终极目的。

社会主义核心价值观，既是当代中国社会价值观的现实写照，又表现出未来中国的价值提升。核心价值观是当代思想文化和精神世界的综合反映，同时拥有崇高的精神境界，引领人们净化心灵，追求卓越。中国改革开放以来，被激活的传统价值观与市场经济中产生的新价值观，以及融合部分西方有益的价值观，在中国人的思想解放、打破大锅饭、追求合理的权利和利益等方面发挥了重要的作用，24 字价值观对这些因素予以了精确的提炼和恰当的表述。另外，改革开放以后，社会转型带来文化样式多样、价值观多元、人们思想多变的特点，这些特点从积极意义上说，增强了人们思想活动的独立性、自主性、选择性和差异性，保持了社会的活力和创造力，但不可避免地也有消极性的存在，这就是，多样、多变、多元在一定程度上侵蚀着主流文化和主流价值观，甚至原本属于正面的价值也可能变味。

中国共产党提炼出社会主义核心价值观，是站在全局的高度上来看的，既符合中国特色，又是面向世界的社会主义的价值追求。我国社会的价值观建设，不仅是建设中国特色社会主义事业的一个重要组成部分和精神保证，是精神文明建设的重要内涵，而且对于塑造富强民主文明的现代化中国的精神形象，以及决定中国在未来世界的文化地位都具有十分重要的意义。从历史上看，无论是封建社会，还是资本主义社会，都提炼过和自己社会制度相符的核心价值观，如中国封建社会的“仁义礼智信”、资本主义社会的“自由平等博爱”，有了这些核心价值观，封建社会和资本主义社会才能稳定运转；反过来说，这些价值观也是推动相应社会运转的动力。因此，中国共产党从全局的高度出发，深度提炼，从中国人民生活的实际出发，实事求是。社会主义核心价值体系的提出，标志着我国对中国特色社会主义的认识已从制度层面深入价值观层面。如此，我们党把对于社会主义价值理论的认识向前推进了一大步，丰富和发展了马克思主义的价值理论，并为世界社会主义价值学说的建立提供了很好的实践案例。

（二）社会主义核心价值观的深刻内涵

1. 富强、民主、文明、和谐是国家层面的价值要求

富强是壮大中国国力，提高人民生活质量，扩大中国国际影响力的关键。富强的基础在富，关键在强。没有富为基础就不可能强，没有强的富只是一种虚胖，一种低水平的富裕。富强是一种高水平的富，它要求每个家庭每个人都富，而不是一小部分人的富，也不是国富民弱，而是国富民强。这一目标的设定，是经历了多灾多难的中国要回到世界民族最前列的呼声，是中国共产党人的追求，是全国人民共同的向往。在这个过程中，有多少先烈前仆后继，为这个目标献出了宝贵的生命，它不仅是一个发展的目标，更是国家强大的终极追求。在这个过程中，富强不是以牺牲资源环境为代价的片面的经济增长，而是人与自然和谐发展的结果。富强是物质层面的追求，同样也是精神层面的追求。我们说要摆脱弱国心态，就是要树立大国心态，也就是精神上的富强。没有精神层面的富强同样不是完整意义上的富强。富强是一种由里到外的完整状态而非局部的畸形发展。要富强就要坚持以经济建设为中心不动摇，大力发展生产力，同时促进社会公平正义，着力解决收入分配公平问题，让人人都可获得出彩的机会。

民主是社会主义现代化的关键。对于我国而言，民主就是让人民当家做主，实行人民民主，一切权力都是人民的。人民决定国家发展的走向，决定民族前进的方向，决定全体中国人的命运。中国共产党从小到大、从弱到强、从无到有，发展到今天成为世界上第一大执政党，靠的就是人民的认可和支持。中国共产党人深刻认识到，人民才是创造历史的

力量。中国以前的封建社会不是民主的，因为以前是专制社会，帝王的权力高高在上，人民得不到应有的权力。而在社会主义中国体系下，人民才真正站了起来，成了国家的主人。西方国家也宣称民主，但西方国家的民主较为片面，仅仅认为普选就是民主，这其实只是表面形式的民主，还不是真正的民主。我国的民主则是一种实质性的民主，人民通过人民代表大会来管理国家事务。在我国，人民通过人民代表大会制度这一根本的制度实现自己的民主权利，人民的意志通过人民代表大会来表达，人民还通过人民代表大会来监督政府的工作。

我国是一个文明古国，当其他大部分地方还处在茹毛饮血的时代，中国就已经出现了文明形态。社会主义核心价值观的文明，就是指我国要保持自古以来的文明性，要崇尚文明理性，用文明的方式解决问题，而摒弃崇尚武力的行为，这就要求我们继承和发扬中华民族传统文化，让民族文明的血脉延续下去，将传统文化与新时代要求相结合，让传统文化在新时代焕发出新光彩，这是民族传承的必需，也是中华文明千年不变的延续。社会主义的文明是物质文明与精神文明的协调发展。建设物质文明，要反对破坏自然的物质主义和使人异化的物化意识、拜金主义。建设精神文明要反对消费主义、享乐主义和虚无主义。

和谐的思想是中国传统文化的灵魂，我国古代无论儒家，还是道家，都很强调和谐。西周时期，太史伯在为郑桓公分析天下形势时，就称西周将会灭亡。因为周王只知道亲近小人，而忽视了人民的意愿，他说“和实生物，同则不继”。万物虽不同，但和谐共生就是事物发展的基础，如果完全相同一致，社会就无法发展和继续。也就是说，和谐并不是要万物相同，而是彼此和谐共生，如果大家都相同一致，那是不可能和谐的。我国崇尚天人合一，而西方则强调征服自然，但在征服自然的过程中，违背了自然的和谐规律，结果带来了严重的生态问题。总的来说，我国所讲的和谐是有积极意义的和谐，在自然界讲究天人合一，人要充分认识和尊重自然规律，要在自然规律规定的范围内活动；在人与人之间讲究互信、和睦，形成良好的人际关系，保持社会秩序的稳定和发展。从社会发展的角度来说，和谐也是社会发展的引擎，在任何时候，混乱都只会带来破坏。在和谐的关系中，国家才会同心同德，才会一切向前，朝更高的梦想努力。从根本上讲，社会主义公平正义的社会制度保证了人与社会、人与自然、人与自身之间的冲突的最终解决。

2. 自由、平等、公正、法治是社会层面的价值要求

自由可以称得上是一个人最根本的需要了，一个做任何事情都要受到约束的国家，是无法激发人们的积极性和创造性，无法让人全身心投入国家建设的，这就是为什么要把自由列入核心价值观，这是一个人生存最起码的权利。自由可以分为很多种，例如人身自

由、思想自由、政治自由、经济自由等。一个人有自由，才会实现自我；一个民族有自由，社会才会充满活力。在我国，法律保障了公民拥有极大的自由，我们可以自由地做事，只要不妨碍别人就行。纵观历史，人类社会一直在为追求自由而奋斗，封建社会体制下的人们是不自由的，专制的体制使得人们思想和行为都受到束缚，资本主义社会打破了这个框架，而社会主义又向前推进了一步。当然，自由不是说可以让人随心所欲，自由是在法律规范下的自由。如果把自由定义为是无所限制的，想做什么就做什么，那这种自由就是扭曲的，最终也会让人付出惨重的代价。而如果是在法典规范之下的自由，才是真实的，自己也才会是安全的。可见，自由就是利用自然的必然性来服务人类的目的性。社会主义的自由真实存在于经济自由、政治自由、道德自由和表达自由之中。

平等就是让所有人享受一样的权利和义务。封建社会下的人们是不平等的，古代有三六九等之分，社会阶层明显，例如“刑不上大夫，礼不下庶人”，刑法不加重在大夫身上，礼制不减轻给庶人。资本主义社会下的人们也是不平等的，例如选举，穷人不能进行选举，而有钱人才可以参加选举。相反，社会主义社会赋予了每个公民平等的权利和义务，不依出身、财产而改变。在社会生活中，人人都是平等的个体，虽然社会分工、职业身份、工作内容和形式，甚至收入情况都不相同，但是在个体存在上，是人人生而平等的，这是社会主义国家对个人的保障。平等在现实生活中表现为经济平等、政治平等、文化平等、人格平等等方面。社会主义的平等绝不是像资本主义的平等仅仅停留在宣传语里，而是真实地体现在社会主义建设之中，社会主义发展的目标就是不断消灭不平等，实现共同富裕，让每个人都拥有同样的政治权利、经济权利、文化权利。在经济领域，权利平等、机会平等、规则平等的市场机制不断完善；在政治领域，法律面前人人平等，每个人平等享有选举权与被选举权，社会主义民主法治不断完善；在文化领域，人人享有受教育权和接受文化服务的权利。

公正是社会主义的核心价值追求，是社会主义不同于资本主义的重要特点，也是社会主义比资本主义高明的地方。公正意为要公平正直，不偏不私。公正的社会，就是人们的权利和义务要对等。公正的实现，有赖于国家整体发展，经济水平和观念意识都发展到较高的层次，才会实现真正的公平。这是所有人共同的追求。阶级社会里的人们是不能被公正对待的，下层的人民和上层的人的权利和义务也不是对等的，上层的人一般拥有过多的权利，而承担的义务却很少，大多义务都被下层人民承担了，同时下层人民的权利却很少。而社会主义国家则不是，所有人的权利和义务都相同，人们享有高度的公正。公正的实现是一个客观的历史过程，不可能一蹴而就，人类发展的历史就是一部不断为实现公正而奋斗的历史。在今天要实现社会的公正就要不断提高生产力发展水平，从而为公正的实现奠定物质基础；深化改革，从而为公正的实现奠定制度基础；完善法治，从而为公正的实现提供法治保障；完善收入分配，从而切实保障公正的实现。

法治就是依法治国，所有活动都要在法律法规允许的范围进行，不能越过法律办事。法律表现的是统治阶级的意志，我国的法律规定，国家的一切权力属于人民，因此法律也是人民意志的表现。法治就是让人民来立法，让人民来做主。法治与人治相对。人治由于依靠人来治理，人的不一致性比较突出，往往依据个人好恶来做出决定，没有一定的规则性。历史上的封建王朝，多是人治，皇帝完全做主，所以即便是有明君贤君称号的帝王，也不能保证其王朝一直延续下去，最终往往是人存政举、人亡政息，逃不过历史的周期率，国家和民族大起大落。法治是依靠法律来治理国家，不因领导的改变而改变，因此可以保证国家的长治久安。法治与德治相辅相成、相得益彰。对于国家治理而言，法治与德治缺一不可，如鸟之两翼。法治保证了社会的底线不会被突破，对人们的行为提出了最低要求。德治则提升整个社会的文明水平，使人们不断提升自己的道德修养。法治要求树立法治思维，也就是树立法律至上、权力制约、公平正义、人权保障、程序正当的法治理念。

3. 爱国、敬业、诚信、友善是公民层面的价值要求

爱国是我国的一种传统美德，也是人们内心的一种深刻情感，更应该是镌刻在每个人心里最坚定的信念。国家是我们赖以生存的依托，如果没有国，自然也就不会有家，中国的发展历史，已经证明了这一点。爱国主义就是个人或集体对国家有一种积极支持的态度，它是中华民族精神的核心，最突出地显示出中华民族的特点。自古以来，中国传统文化都把爱国看成是至高的德行，不爱国的人是没有脸面存在于天地间的。爱国就要爱祖国的大好河山。领土是每个民族国家生存发展的基本条件。祖国的土地哺育了她的子孙，每一代人生于斯长于斯，与这片土地有着不可分割的血肉联系。爱国首先就是要爱这片土地，珍惜她保护她，不让她受到任何伤害，这样才能保证整个民族的可持续发展。爱国还要求爱自己的民族同胞。中华民族是一个大家庭，兄弟姐妹多，但是大家有着共同的利益，这种共同利益就是中华民族的共同利益。爱自己的同胞就好比爱自己的兄弟姐妹。爱国还要爱祖国文化。文化是民族的精神基因，从深层次规定着民族的发展方向和前途。中华民族的传统文化历经千年始终没有发生断裂，就是中国人的爱国情怀发挥了巨大的作用，每一个中国人，都把自己的祖国当成内心最深沉的爱，那就能凝聚全体国人的力量，实现全新的发展和突破。爱祖国的文化就是爱惜民族的共同记忆，这样才能不断把民族精神延续下去，让祖国发展壮大。

敬业就是人们在什么样的职位上，就要尽到这个职位的责任。这是个人最基本的素

养，人人都热爱自己的工作，社会各个环节各司其职，整体社会发展就会运行良好，就能很好地完成国家发展的目标。如果人人都觉着事不关己，那相应的连锁反应无疑会造成巨大的破坏。孔子曾言“事思敬，执事敬，修己以敬”，就是指我们要尊敬自己的工作，做好自己的工作，慎重地培养自己。如果我们能做到敬业，认真地做好工作中的每一个细节，那无论处在什么岗位上都能取得不俗的成就。

诚信是一个人立身处世的根本。孔子说过：“人而无信，不知其可也。大车无輗，小车无軏，其何以行之哉?”国无信不宁，人无信不立，事无信不成，商无信不兴。不管我们处在什么样的位置，都要把信守承诺作为一件大事来对待，诚信体现的是一种现代契约精神。

友善就是对待他人谦虚有礼，尊重他人。你友善地对待他人，他人也必然会友善地对待你。从社会来说，友善可以构建一个和谐的社会，也可以给自己构造一个舒心的环境。

二、社会主义核心价值观的中国传统文化渊源

我国提出社会主义核心价值观，既是对传统文化中积极精神的高度概括，也是对未来中华民族新的精神力量的铸就。社会主义核心价值，首先是来自传统文化，来自民族历史发展。中国五千年的文化价值是今天价值的深厚资源。“史学者，学问之最博大而最切要者也，国民之明镜也，爱国心之源泉也”。无论是辉煌的古代历史还是屈辱的近代遭遇，都成为中国人民爱国奋发的精神源泉和深层动力。历史上，我们不但拥有四大发明，并且这些发明“已经改变了整个世界的面貌”（培根语），中国还因为其他众多的发明而被称为“发明的国度”。中国人足以为古代的辉煌成果而自豪，这些成就和辉煌，在中国人民心中自然形成自豪感并转化为一种爱国为国的情感和动力。

社会主义核心价值观也来自中华人民共和国成立以来的历史和改革开放的历程，自强不息的民族精神已成为所有中国人民进行社会主义建设的支柱精神，成为中国人所具有的民族精神。这些民族精神统一地存在于中国人的精神之中。这些精神的不断发扬和深化，逐步演化成适应新时代的中国人的核心价值观。可以说，核心价值观的提炼是对当代中国精神的进一步铸就。

社会主义核心价值观也具有中华传统优秀文化的价值因素和民族精神。中华优秀传统文化是社会主义核心价值观的营养源泉，社会主义核心价值观是新形势下中华优秀传统文化的时代传承和发展。一方面，所提炼的核心价值观，是中国历史纵向发展中永恒的价值诉求的反映，也是植根于广大民众的价值共识的反映，它揭示并反映着一个民族最深沉的精神世界和价值追求；另一方面，它也是世界横向存在的共通的价值理念，如自由、平

等、民主、法治、公正、富强、和谐等日益成为人类共同追求的价值理念。中国传统文化虽屡经冲击，却始终在国民道德观的进程中发生影响。传统伦理观中的仁、义、礼、智、信等核心价值体系被强化细化为中华民族的传统美德，如尊老爱幼、忠君爱国、重义轻利、诚实守信、勤俭节约等。24字的提炼，是对传统价值观，如“仁、义、礼、智、信”“和为贵”“和而不同”、爱国主义等优秀传统价值理念和道德规范的概括和提升。同时，改革开放向世界打开了大门，在走向全球化的进程中，世界上的那些可以引起我们共鸣和共识的反映人类文明进步的积极成果，理当成为我们的价值观。如那些激发中国人自我意识觉醒的价值观、适合市场经济的价值观、促使人自由全面发展的价值观等。24字核心价值观的提炼，兼收并蓄东西方文化价值精髓，是对外来文化与本土文化矛盾的有效解决，而这个矛盾是近代以来以至目前我们以及大部分发展中国家都存在的困惑。对外来文化和价值观的合理汲取，一方面体现了中国学习和尊重世界多样文化的态度，另一方面推动了社会主义核心价值体系的构建。并且，通过在此基础上与世界开展广泛的文化对话，这些价值观必将成为人类共创共享共遵守的价值观。

第三节　坚持批判继承的原则

中华民族的历史文化源远流长，这种具有强大传承能力的民族文化，历经儒家、道家、法家等多种意识形态的交融、升华后，经过岁月更替的沉淀、时代变迁的冲刷，构成了我们民族的精神内涵和思想核心，其思维方法、行为方式、道德要求等，深深地烙印于中国人的血脉和思想观念之中。其中包含着浓烈的爱国情怀、高尚的道德追求、多样的思想境界、不同的人生设定，既有如何处理物质与精神的关系，也有如何解决个人与他人的关系等准则和要求。这是一种融会了各民族文化的共同体，是中华民族悠远历史形成的智慧结晶。这种结晶是不以时代变迁而改变的，无论国家民族发展到什么阶段，风云变幻到什么程度，以爱国主义为核心的民族精神都不会过时，以修身齐家为目标的个人修为不会过时，尤其是现在我们身处民族振兴的伟大时代，正是需要全体中国人凝心聚力之时，爱国主义教育更加迫切和重要。从这一点看来，我们发展中国特色社会主义必须坚持继承传统文化，这既是警示后来人民族振兴的艰苦，也是告诉当代人时不我待、任重道远的担当。无论是大势所趋，还是个人修养，在传统思想中，有着我们祖先积累下来的道德精华，经受了时间的洗礼和历史的检验，是养成个人道德素质、树立正确价值观的基础，是形成个人核心信念的重要内容，也是维系社会运转的内在力量。由此可见，正是因为这种文化的传承，才有了民族的自尊心和自信心。

中华民族传统文化的形成，是一个漫长而艰辛的历程，饱经磨难，饱受摧残，但其生生不息的强大动力，使之相对完整地延续到了现在。作为世界上为数不多、始终延续的文明，中华民族的文明延续，保证了民族的延续和发展。应该看到，在这个过程中，中华民族传统文化也不断受到外来文化和外部环境的冲击和影响。但作为极富包容性和开放性的民族文化，中华民族文化对外来文化和思想的吸收从来没有间断。并且随着社会的不断变迁发展，传统文化在各种不同因素的影响下也不断推陈出新。千百年以来，这个变化是始终发生和存在的。应该确认的是，中华民族传统文化是我们祖先留下的宝贵财富，但也要看到，在传统文化的形成过程中，思想理念千姿百态、准则追求万紫千红，各种内容杂糅其间，其漫长的演变过程，其对不同文化的包含和吸收，决定了其内容并非统一和单纯，这也就意味着中华民族文化内容良莠不齐，对它的接受不能一概而论。

历史上任何一个国家和民族，其发展起来的民族文化，都是人类文明的共同成果，都可以为社会发展提供良好的有益借鉴，哪一种文化更适合现代社会发展，能促进现代国力提升，可以提升人民生活水准，哪一个文化就有其可用之处，就需要拓宽眼光、拓展胸怀、拓展思路地去吸收借鉴为我所用。所有国家发展，民族强大，都必须依靠人类文明的共同成果。从这个意义上来说，盲目推崇西方文明，不分良莠一律接受、彻底放弃本民族文化或者盲目推崇本民族文化，完全地否定西方文化，都是不合理的，都不能推动国家的进步与发展，不能让中国文化走上现代之路。传统文化作为中国人秉持千年而不变的思想文化体系，在发展的过程中不断地调整、修改、完善，一直生生不息，已经证明了这是一个充满生命力的动态系统，而绝非僵化不变的。它经过多年的耳濡目染和口耳相传，已经成为中国人历代传承的内在意识，它无影无形而又无处不在，它无法把握却又力量强大，成为影响人们价值观念形成、行动方式指导的重要内核。

随着我国经济社会的发展，思想文化日趋多元，历史虚无主义、新自由主义等错误思潮又开始出现，而且借由新媒体平台迅速传播开来，这些错误观念的出现，无疑会对大学生树立正确的世界观、人生观和价值观造成一定冲击。这就需要我们深入发掘中华优秀传统文化的价值内涵，以传统文化的丰厚底蕴来培养广大青少年的思想素质，不断增强大学生的文化自觉与自信，以应对各种不良理念带来的挑战。一个开放、进取，充满生机的文明，总是在开放、包容的同时充满自尊和自信的。要明确的是，在中华民族传统文化的发展过程中，我们历经苦难，饱受艰辛，但是从来不惧怕任何外来的挑战；相反，我们往往能同化那些想要压倒和征服我们的文明。想要让中华民族传统文化始终保持生命力，我们就要努力继承发扬传统文化，吸收借鉴外来文化，将自我的文化竞争力提升到新的层面，充满新的活力。持有这样的立场，站在国家、民族发展的高度，尊重中华民族传统文化的源远流长，在对其进行批判继承、创新发展的基础上，实现其现实意义，才能在中国特色社会主义理论的指导下，创造出有中国特色的社会主义新文化。

中国传统文化博大精深，包含着内容丰富、形式多样的人文思想内涵。这种思想是存在于国人日常生活层面的，每一个中国人都生活其中，不可避免地接受其熏陶和影响，并能按照其内容做出相应的行为。所以，从这个意义上来说，学习和利用传统文化进行思想政治教育，更加有利于学生的道德信念养成和理想价值观树立，能够提升学生的个人思维原则性和行为判断力，能够提升其明辨是非的能力，对培养满足新时代需求的青年力量尤为重要。

在当代高校思想政治教育工作中引入传统文化内容，让当代大学生成为传统文化的习得者、捍卫者和践行者，是当代高校思想政治教育工作内涵进一步丰富、形式全面创新的必经之路。

在探讨中国传统文化应该如何融入思想政治教育这一问题之前，我们有必要了解清楚中国传统文化与现代化之间的关系。现代研究表明，中国传统文化和现代文明之间的关系，可以从四方面分析：

第一，高度的契合性。中国传统文化中，以儒家思想为主导的中国传统教育重视人文道德教育，如何处理个人与他人的关系、明确个人的社会位置、发挥个人在社会发展中的积极作用，是人文教育培养的重点，儒家中的“练达人情，洞明世事”更是为培养满足社会需求的人才提供了重要的参考标准。其他内容里，适合现代社会发展的也比比皆是，这对我们培养合格的社会发展力量具有重要意义。

第二，发展的传承性。传统文化的发展，是一直延续至今的。传统文化为构建现代文化体系提供了思想和精神来源。任何一种文化体系的建立，都不是凭空臆想产生的，尤其是在中国这样的大国，在文化发展上有如此漫长的历史，不可能也不应该进行隔断。要知道中华民族传统文化富有生命力，具有超时空存在的能力和特点，其中优秀的文化内容，在今天依然有非常强的现实意义和作用，所以在今天构建中国特色社会主义文化体系，离不开对传统文化的继承和发展，离不开对传统文化的创新性创造。任何一种民族文化都是在继承前人的基础上不断改进、有所创造的结果。任何人和任何力量也无法割裂新旧文化之间的血肉联系。那种无视传统文化的历史虚无主义的观点显得空阔而不切实际，也根本建构不起来体系化的文化。

第三，必然的冲突性。中国在长期的封建社会中，创造了灿烂的古代文化，但这些文化的产生，与其所在的封建主义社会阶段紧密相连，都不可避免地具有其时代特征和局限，比如传统的等级观念与现代平等理念、人治习惯与法治社会、群体至上与个性发展、中庸之道与社会竞争、伦理中心原则与物质利益原则，都在现代文化发展中存在着矛盾和冲突。

第四，可能的转化性。中国传统文化是各民族文化的集中体现，集中了各民族的智慧结晶，它是今日中国文化的起源。在中国传统文化中，既存在着可以直接古为今用的思想政治教育资源，也存在着完全不适应当代思想政治教育需求的内容，还存在着必须经过现代转化才可以发挥作用的思想政治教育资源。因此，我们在对待中国传统文化时，就要本着“取其精华、去其糟粕”“古为今用、推陈出新”的原则，对中国传统文化中的思想政治教育价值做出理性的分析，择其优者而用之，比如自强不息的进取精神、诚信为本的价值观念，可以成为社会发展现代化的内在动力。

随着社会的发展和进步，每一个历史阶段对文化的要求有所不同。在建设有中国特色社会主义阶段继承和发扬中华民族传统文化时，首先要考虑现阶段的实际需求，要坚持这种继承和发展能够有利于中国特色社会主义文化的繁荣和发展，能够推动中国文化和整个中国社会的现代化。文化发展离不开继承，无法隔断历史，但文化发展也不是不加改变照搬照抄，还是应该基于现实需求进行创新。如何传承文化传统，如何考评其在现代社会实践中发挥积极的作用、作用到什么程度，都是传承文化内容时需要考量的。从现实需求出发，不要脱离现实特点继承传统文化，是在使用传统文化内容上首先要考虑的问题。同时我们还要清楚，建设有中国特色社会主义先进文化是目的，因此在文化的传承与发展问题上，还要始终坚持民族特色，确立民族文化的主体性原则。所有的选择、使用、传承和创新，都是为了满足主体的需要。按照这一原则来选择传统文化的传承内容，直观地说就是对中国今天的现代化建设有用、有利的就继承，无用、有害的就不继承。

文化传承不是一味选择，更多是创新和再创造。文化从来都不是僵化不变的内容。所以我们继承传统文化，就要进行中华民族传统文化的创新。这种创新要从现实需要出发。通过对传统文化中积极的形式和内容的系统转换，寻求其中的理论资源、民族智慧、经验教训，为解决当代的重要社会问题，提供思想方法、历史借鉴，用以补充与丰富现实斗争的智慧和经验。

继承和发展中华民族传统文化，推动其在现代思想政治教育工作中的实际作用，需要坚持以下原则：

第一，坚持批判性原则。批判性原则是指对待文化不应该完全地接受或否定，而应该批判地继承。这也正是我们对待中国传统文化的正确态度。与世界上任何一种文化相同，中国传统文化既存在精华也存在糟粕，中国传统文化中的优秀精华培植了我们的民族精神，而中国传统文化中的糟粕也形成了我们的国民劣根性。所以，在对传统文化的选用上，既不能直接地完全否定，也不能毫无选择地兼收并蓄，而是应采取科学客观的态度，取其精华，去其糟粕。中国的传统文化历经五千多年才逐渐形成，在此过程中经历了复杂多变的历史阶段和现实情况，有些思想意识受到了历史发展阶段的局限，经过了特定阶段后，就不再适用于现代社会。有的思想观念，如男尊女卑、忠君思想已经被证明阻碍社会进步。对于这类观念应该坚决抛弃，明确提出不能纳入高校的思想政治体系中。

因此，在中国传统文化与思想政治教育相融合的过程中，我们应该秉承“取其精华，去其糟粕”的批判性原则，对中国传统文化进行理性审视，在吸收、融合其优秀精华的同时，还要对中国传统文化中的糟粕进行认真的批判和清算，以消除其对人们思想造成的不良影响，使其适用于我国当前的思想政治教育；相反，如果我们照搬中国传统文化而不对其进行理性审视，就可能将其中的糟粕内容也一并带入思想政治教育中，从而对思想政治教育的发展产生阻碍作用。因此，实现中国传统文化的现代化意义，必须坚持唯物辩证法。

所谓古今就是传统文化和现代文明，所谓中外就是中国文化和西方文明。这个方法就是弄清楚所研究的问题发生的一定时间和一定空间，把问题当作一定历史条件下的历史过程去研究。在对待传统文化时，要选择性地使用，创造性地融合，创新性地发展，将其变成富有现代特征、体现时代特点、满足现实需求的新时代文化。就要注意把传统文化和现代需求相结合，通过吸收传统文化的精髓，通过由此及彼、由表及里、去粗取精、去伪存真的具体分析过程，吸收有益的营养，在批判中继承，在继承中发扬，在发扬中创新，在创新中获得新生。

第二，坚持创新性原则。中华文明之所以历经五千余年而绵延不断，正是由于中国传统文化自身所具有的包容与开拓的自我革新精神，才在与各种外来文化的不断冲突与碰撞中，能借鉴、吸收其精华并将其内化于自身，使中国传统文化不断突破自身缺陷，从而完成自身的发展创新。而近代中国之所以走向衰败也正是由于其闭关锁国的自我封闭，使其不能突破自身缺陷，进而被同时期极富开拓扩张精神的西方文明超越。所以，我们现在进行思想政治教育也要吸收其他文化中丰富的思想政治教育资源，才能改变自中华人民共和国成立以来的重意识形态说教而轻文化教育的缺点，改变陈旧僵化的内容与模式，不断开拓发展创新的新视野与新渠道。

一种文化的发展无疑是要依靠代代传承。但若仅仅是无变化地传承，中华民族传统文化就只能停留在原有的简陋水平，就无法适应条件不断变化的历史阶段。无数历史证明，文明的进步、文化的发展，要靠代代传承者不断地创新，要注意吸收不同历史时期的人类智慧，不断完善丰富母体资源，让代代传承的文化日益丰富。尤其是现阶段，中华民族伟大复兴的目标迎来了前所未有的契机，世界多极化、经济全球化曲折发展，各种思想文化必然相互激荡和相互影响，中华民族传统文化要与中国现代化建设实施对接，进而走向世界，必须在继承的基础上进行创新，要选择其中历经考验的精髓，对不利于国家民族发展的内容要进行清理。创新和继承是统一的整体，是保证传统文化焕发出新生命力的基础，继承不是最终目的，必须实现创新，超出历史的圈子，实现历史的跨越，让优秀的思想有所发展，推陈出新，才能形成服务于现代社会发展的崭新文化。

中华民族传统文化博大精深，内容丰富，其中虽然有一些内容因时代进步和社会发展显示出历史局限性或滞后性甚至是落后性，但其内核是优秀的，只要我们坚持马克思主义的指导思想，坚持与时俱进，能够融入社会主义精神，并且能够根据社会主义发展的需要对其进行科学梳理、现代发展和必要改造，就能找到传统文化与现代文明接轨的契合点，就能把我们的社会主义思想道德与民族优秀传统文化相融合，使之现代化、民族化，更富有新的生命力。

第三，坚持渗透性原则。与强制灌输原则不同，渗透性原则强调了文化对人的熏陶感染，使人们在潜移默化中主动接受新的知识、技能或思想观念等，它有助于发挥受教育者的积极性和主动性。传统文化不是简单的说教，这样容易让受众拒绝接受，而应该意识到，在传统文化的具体展现形式上，往往有许多可歌可泣的故事，这些故事可以展示传统道德的意义和价值，可以彰显人性之美、人格之美。通过对这些背景的了解，把学习者带入特定的历史时代，让人感同身受，用这样的方式可以使学生更深刻地体会到传统文化的魅力，触摸到文化背后的情感。同时，我们还可以借助现代网络媒体，进行传统文化内容的深层学习，对围绕某一理念的内容，进行全面的教育教学。在学生的日常生活中，学校可以专门组织学生成立宣传小组，通过教学设施设置板块进行文化普及和宣传，将传统文化传播融入日常生活中，创立一个有趣的活动氛围，吸引学生兴趣。通过开设讲授传统文化的课程，注意优化教学方法，丰富教学资源，采用轻松、有趣的方式将传统文化展示出来。在课程中，教师可以运用互动的形式，分小组进行文化知识讲授。每个小组进行一个小专题，结合当今最热话题进行传统文化的解读。通过教师的精心设计和学生的认真配合，让当代青年真心愿意接受中国传统文化的洗礼。因此，在中国传统文化融入思想政治教育的过程中，就要注重渗透性原则在思想政治教育实践中的运用，让人们在潜移默化中培养良好的思想道德素质。

第四，坚持互补性与互容性原则。长期以来，我国的思想政治教育实践往往过分关注其意识形态功能而忽视其文化功能，这就使得思想政治教育一直偏重于简单空洞的理论说教和意识形态的直接灌输，进而使其人文精神受到蒙蔽；中国传统文化的教育方式则好弥补了现代思想政治教育模式的不足，二者存在一定的互容性和互补性。二者的互容互补，有助于弥补我国现在思想政治教育的一些不足，使其向更好的方式发展，进而增强思想政治教育的实效性。中国传统文化和思想政治教育研究是在诸多学科领域的交叉视野中进行的。我们在研究中一定要融合进其他相关学科的一些新的研究成果，例如中国德育史中就蕴含有很多中国传统文化和思想政治教育研究值得借鉴的地方。但是，应当注意的是，这些学科的研究成果也不是拿来就用的，它们的研究视角和思想政治教育研究是有区分的，例如它们在研究中并没有立足于思想政治教育来思考，在利用时就应该放在思想政治教育的大环境中来看待，这样才能更符合思想政治教育及中国传统文化的相关需求。因此，借鉴其他学科的研究成果或研究方法必须是适度的、有条件的，不能原封不动地照搬。在中国传统文化的发展历史中，吸收了多民族的优秀文化，对国外先进文化内容也不断借鉴，在这种强大的包容下，才把各种优秀文化、外来文化等整合为中华民族优秀传统文化，从这一点来看，包容性始终是中国传统文化的重要特点，也是生命力之所在，这就要求我们客观、科学对待外国思想和文化，能够继承这种优良特质，以中华优秀文化为基础，大胆地引进外来文化，以符合中华民族的价值观为标准，使之组成新的中国文化。

任何一种文化都具有鲜明的时代特征，在不同的时期有不同的内容和形式，要想使中国传统文化发扬出新的生命力，创造出新的成就，就要密切把握时代特征。尤其是要将中国传统文化应用于当代青年的思想政治教育过程中，更需要我们把握传统文化的特质，了解时代发展的需求，达到社会进步的需要，要注意把传统文化和时代精神相结合，在强调时代精神的时候，以发展的眼光和思路，把握传统文化的现代化转变，让传统文化发扬出新的活力。文化是时代的产物，在不同的时期有着不同的诠释。因此，在具体学习时要紧跟时代步伐，将传统文化的教育与时代的精神紧密联系为一体，在强调继承精神的同时，更要以发展的眼光来对待，扩大在当今社会形势下的应用。我们需要拿出批判的勇气，坚决抛弃那些陈腐僵化、不合时宜的文化糟粕，深刻探索和发掘中国传统文化中的优秀部分；要用发展的眼光，找寻那些具有现代特性，能够发展成为现代文化的部分，这也是传统文化的精华所在。中华传统文化如何推陈出新，新文化如何更好地创造发展，是人类历史进程中始终面临的艰巨任务和永恒话题。

第四节　坚持“高、实、严、新”的原则

中华民族的发展过程，是各民族不断分散又不断趋于统一的过程，文化的融合也经历

了相同的过程。在这个过程中，各民族文化不断碰撞也不断融合，经过了漫长而又艰辛的交融，最终形成了经受得住历史考验、得到广大人民认可的核心内容。这个核心，包含了以人为本、厚德载物、热爱家国、自强不息等内容，是融各民族智慧于一体的、系统而又丰富的文化体系，这是被中华民族广泛认可的价值观念，也是具有强大生命力的意识形态，它超越了地域、时间、民族的限制，成了真正能体现中华民族集体意识的总体信念，并在世代相传中不断补充完善，形成中华民族积极健康、昂扬向上的人生理想和价值追求。正因为如此，中国共产党人领导人民建立中华人民共和国以后，党的历代领导人都注重传统文化的发扬和学习，注重将传统文化应用于青年人的教育工作上。

首先，站位要高，要从借助中华民族优秀传统文化进行思想政治教育的全局高度来看待问题。纵观历史，人类社会的每次进步都首先是思想的变革带来的，所以说人类的尊严就是思想。思想政治教育有一个重要的功能就是，它向人们灌输正确的思想理念和道德理念，人们接受了这些理念之后，就会用其来武装自己的头脑，从而指挥自己的实际行动，提高自己改造世界的能力。大学时代，正是人们人生观、价值观形成的关键时期，这个时候进行思想政治教育，更有利于大学生形成一个良好的人生观和价值观，使他们具有正确的思想理念和道德理念，懂得要积极地报效祖国，才能实现自己的人生抱负。

对中国青年进行思想政治教育，是无法离开中华传统文化的，作为当代青年思想政治教育内容的重要来源，中华传统文化里包含着丰富的精神财富。思想政治教育是以培养人的价值观、社会观、人生观为目的，要引导和帮助青年人树立正确的个人观念。中华优秀传统文化中蕴含着丰富的思想内涵，儒家以“民为本、和为贵”“仁、义、礼、智、信”为代表的伦理观念，道家主张的处理人与自然关系的道法自然思想，墨家的“兼相爱，交相利”思想，等等，这些思想根植于中华优秀传统文化，潜移默化地影响着社会公众的核心价值观。这些丰富的道德养成准则为现代思想政治教育提供了方法论。进行符合中国国情的思想政治教育，就要深入挖掘和充分依靠中华民族优秀传统文化中的各种思想，将其融入教育工作的方方面面。

中华优秀传统文化可以为思想政治教育提供丰富的理论资源。中华民族的思想文化体系丰富多彩，蕴含着多种多样的思想理念，可以为思想政治教育开展提供多元化选择。中华优秀传统文化中的古典哲学理论为思想政治教育提供了形而上的方法指导，能够明确思想政治教育的发展方向和途径；传统文化中“修身齐家治国平天下”等精神追求，成为思想政治教育的重要价值核心，凝聚了中国人道德追求和个人发展的总体准则。这些凝聚了古代先贤个人精神追求和崇高的社会理想的智慧结晶，成了现代思想政治教育的价值导向。借助中国传统优秀文化进行思想政治教育，是对中华优秀传统文化传承与创新的具体体现，从中华优秀传统文化中挖掘优秀思想教育资源，找寻合理思想政治教育方法，实现古今通用，就是对传统文化的再创造，就是对传统文化现代的具体实践。

其次，内容要做实，思想政治教育要真正体现中华传统文化的内容，要真正实践传统文化的内容。思想政治教育包含多个方面的内容，例如爱国主义、集体主义，道德修养、人生抱负。因此，思想政治教育在内容体系上就要全面，要有体系，也要合理，要把这个“实”的功夫做足。高校要尽可能地搭建一个实际有效的思想政治理论课程体系，在这样的体系下，大学生才能获得对自己有益的内容，也才能终身受益。

将中华传统文化引入当代青年的思想政治教育，并实现其延续性，需要采用多种学习方法与形式。文化的学习是一个由虚而实的过程，它不是有具体可把握的对象来掌控，而更多的是思想、信念、意识方面的改变。所以，学习和习用传统文化内容，很容易流于形式，浮于表面。穿几次汉服，写几笔毛笔字，读几本古籍，当然是学习传统文化的形式，但能否起到真正的作用，实现有益的效果，应该从更深层面予以体现。优秀传统文化发生作用，应该深入人的思想层面，体现在人的行动层面。这对思想政治教育工作者提出了新的要求。要实现传统文化与现代教育的结合，需要从实际开始，从发挥实际效果开始，从实践活动开始。就高校而言，可以将优秀传统文化内容列为高等教育课程体系内容，进入必备教学体系，以中华民族传统文化的传承为主，开设相关的必修课及选修课，要注重优秀师资的选配，要整合相关资源，大力提升教学效果。传统文化留传至今，有以传世典籍等方式保留下来的诸多经典著作和文字资料，也有以实物方式保留下来的文物，包括古建筑、遗址、金属、陶瓷和书画等。文字资料比较抽象枯燥，文物遗存形象生动。在传统文化教学中，以文字资料学习为基础，同时以形象具体的物质文化作为辅助，激发学生的学习兴趣是有实际意义的选择。同时，还可以聘请国内相关专家学者、文化名家、博物馆研究员等作为学校传统文化教育兼职教师，开展中华优秀传统文化理论与实践问题研究。

传统文化学习是必需的方式，但更重要的还是在社会实践中体验。传统文化的哪些内容能为我所用，也就是哪些内容能作为传承的主题，要由其在实践中发挥的作用来确定，所以传统文化的学习，要在实践活动中进行。只有在实践中，才能发现哪些是无关现实的内容，哪些是与现实脱节并无可取之处的，然后才能达到存有用去无用、存精去粗的实际效果。所以在传统文化的学习问题上，我们必须把握实践活动的作用，确保传统文化为我所用、为现实所用。对其有积极意义和作用的部分，要择取，要继承，要创新，要发展。比如，可以通过组织参观博物馆（院）、纪念馆、故居旧址、文化馆等；组建传统文化主题的社会实践团队，为大学生参与优秀传统文化教育实践活动搭建新的平台，组织大学生通过社会活动、志愿服务、公益行为等，增强中华优秀传统文化认同和文化自信，将学习落实在实践活动中，将认知体现在具体行为里，将感受凝聚在亲身体会中。

在建设有中国特色社会主义文化的大背景下，就要选取对国家、民族发展有益的内容，有用、有利的就继承，无用、有害的就不继承。要从现实需要出发，对传统文化中积极的部分进行现代性转变，为解决当代的重要社会问题，提供思想方法、历史借鉴，让其焕发出新的生命力。这就要求我们通过实践活动、通过国家民族建设行为，把经过马克思主义科学理论洗礼的优秀传统文化作为社会主义先进文化的重要组成部分，变成国人的价值观念和思想意识。

再次，在高校思想政治课程中，一定要对大学生严要求。随着时代的发展，市场经济影响思维方式，很多优秀的思想品德在日常生活中逐渐被人们忽视甚至淡忘，而且在西方世界有意输出思想理念的情况下，部分当代青年人深受其害，似乎更多地体现出我行我素、及时行乐的行为特征。面对这种思想危机，思想政治教育必须发挥其应有的作用。对广大的青年进行思想上的教育，帮助他们建立起文化上的自信，并且坚定他们的理想信念，使得他们的思想能够回归中华民族传统理念范畴，认识并辨析中西方文化存在的差异，在这个过程中，思想政治教育课程，教师是施教者，大学生是受教育者，应该通过严格教育形式，确保达到教育效果。可以说，大学生能够多大程度地接受思想政治教育的内容和思想，很大程度上取决于施教者有没有严格要求大学生。博大精深的中华优秀传统文化是我们在世界文化激荡中站稳脚跟的根基，积淀着中华民族深层次的人文精神，是富有中华民族精神特质的宝贵财富，是中华民族代代不息、始终前行的精神动力，是 14 亿炎黄子孙最可珍视的重要遗产。不忘过去才能开辟未来，不忘初心才能始终前行。所以，在学习中国传统文化的过程中，要让每一个学习者对这一过程的重要意义有高度严肃的认识，有高度严格的自律，有高度投入的自觉。因此，在思想政治教育的每一个环节，都要严格要求。作为施教者的教师，也要严格要求自己，要有教好思想政治课的责任意识，自己的思想意识功课做足了，思想政治教育也就能取得相应的成效。同时，对于思想政治教育的顶层设计也要有一套严格的标准，绝不能马虎了事，要想办法把理论灌输和实践行动结合起来，找到让大学生易于接受和理解的方式，这样才能真正地达到思想政治教育“立德树人”的目的。

最后，高校思想政治教育需要一些新的举措。高校思想政治教育绝不能原地不动，保守僵化。这个时代每天都处在不断的变革中，例如现在的“互联网+”“微时代”，已经对教育体系产生了深远的影响，高校思想政治教育也应该做到与时俱进，随着时代的变化进行创新。同样的一件事，如果还是按照以前的习惯性思维去做，是肯定不会有改变的。但如果能转换思维，从社会的变化中找到一些新的点子，用不同的方式去开拓，就会得出不同的结果。所以，我们平时在思想政治教育的工作中要注重创新，不要过于死板，要懂得不停地变换思考的角度，去设计教学方法、教学体系。同时，可以通过加强校园文化氛围的营造，起到潜移默化的教育作用，比如设置专题宣传栏，尤其是宣传网站等，定期推送相关知识。充分利用学校的网络、广播、社交平台进行中华传统文化的宣传，可以通过校内网发布传统文化宣传的相关报道，可以通过学校官方网络媒体进行传统文化学习的推送。充分调动学校相关团体的力量，可以通过团委和学生会举办相关活动，例如诗词会、朗诵会、故事会，提高传统文化普及度，还可以建立相关社团，如戏曲社、汉学社，丰富传统文化传播渠道。

不管是历史发展的角度，还是现实需求的层面，中华优秀传统文化都是不可忽视的思想政治教育资源，其关键性的作用不容小觑。面临经济全球化的大发展时代，面对中华民族伟大复兴的重任，当前的思政教育必须在中国传统文化的背景下，通过多种渠道加强传统文化与思政教育的深度融合，利用优秀传统文化的感染力和影响力，不断提高当代青年的思想道德修养。

第三章 优秀传统文化对思政教育内容的优化

第一节　大学生思想政治教育内容略论

从广义上讲，文化自信涉及物质文化、制度体系和价值理念等诸多方面，但文化自信的核心是对文化理念和文化精神的自信。我国是一个有着悠久历史的文明古国，坚定文化自信首先要从优秀传统文化中汲取精神营养。

一、大学生思想政治教育内容形态的层次结构

一般来讲，由于教育对象是个性特征各异、具有思维和心理能力的人，教育目标任务繁复重大，思想政治教育内容形态必然是多类型、多向度、多层次的，呈现出一定的结构关系，对其层次的划分和把握是一个既相当重要又极其复杂的问题。从层次结构划分，大学生思想政治教育内容包含政治教育、思想教育、道德教育、法纪教育、心理教育五方面。思想政治教育内容形态有着不同的性质，发挥不同的作用。从总体上看，思想教育是最经常、最普遍的教育内容，心理教育、法纪教育、道德教育是最基础、最基本的教育内容，政治教育则是最高层次、最为艰巨的教育内容；从具体情况来看，同一内容形态也不是由单一的层次构成的，而是有低有高、有浅有深的多层面构成的复合体。

（一）大学生思想政治教育内容形态具有不同性质

所谓形态，是指客观事物存在的形式和状态。万事万物都有一定的存在形式和状态，大学生思想政治教育内容也不例外，它也具有一定的形态。笔者认为，大学生思想政治教育内容应该包含思想教育、政治教育、道德教育、法纪教育、心理教育五大方面，它们各自具有不同的性质，发挥不同的作用，有着特定的教育目标和任务，遵循不同的教育规律，具有不同的教育激励机制。

第一，思想教育是大学生思想政治教育内容中的认知性教育，它重在启发、说理和引导。思想教育是对大学生进行正确的思想观点和思想方法培养的教育，是依据辩证唯物主义哲学思想和唯物辩证法方法论对大学生持续施加影响，以帮助引导大学生树立正确的世界观、人生观、价值观及思维方式、思维方法的教育，主要包括马克思主义科学世界观、人生观、价值观、方法论教育，爱国主义、集体主义、社会主义思想教育，艰苦奋斗精神、科学精神和创新精神教育，等等。其中，最根本的内容是世界观、人生观、价值观教育。思想教育就其性质而言，是提高大学生的思想认识的教育，是提高大学生主观反映客观的认识能力和认识水平的教育，因而是认知性教育。思想教育归根结底是培育和提高大学生的思想观念和认识能力的教育活动，着重解决主观与客观相符合的问题。因此，作为认知性的思想教育，在教育方法上重在启发、说理和引导，就是要用科学的理论、先进的思想、正确的舆论、高尚的精神、丰富的知识等武装大学生的头脑，引导大学生自觉运用马克思主义的立场、观点和方法正确分析和解决各种思想问题和实际问题，提高认识世界和改造世界的能力。总之，思想教育为大学生认识世界和改造世界提供根本的思想方法和强大的思想武器，为政治教育、道德教育、法纪教育和心理教育提供价值理念支撑和世界观、方法论基础。

第二，政治教育总是同一定政党和阶级的意志紧密相连的，它传播一定的政治思想和政治主张，力图通过教育使人们接受，从而在根本上发挥引导人们思想和行为的作用，并对思想政治教育过程和思想政治教育其他内容起指导和支配作用。大学生政治教育是依据马克思主义政治思想和政治规范对大学生进行正确的政治方向、政治立场、政治观点、政治信念和政治态度的影响和教育，实质上是培养大学生政治信仰的教育活动。政治教育是大学生思想政治教育内容中的信仰性教育，在教育机制机理方面注重灌输、主导和控制，因为先进的政治思想和坚定的政治信仰不可能自发在大学生头脑中产生。大学生政治教育主要包括理想信念教育、政治观点教育、政治立场教育、政治方向教育、政治敏锐性教育、政治鉴别力教育、党和国家的基本路线教育、爱国主义教育及形势政策教育等。在大学生思想政治教育内容体系中，政治教育处于核心层次，居于统揽地位，具有鲜明的无产阶级属性，是最为集中地体现大学生思想政治教育性质的内容，影响和制约着大学生思想政治教育的其他方面。

第三，道德是以善恶评价的方式调整人与人、个人与社会之间相互关系的标准、原则和规范的总和。道德作为调节一定社会关系的手段，具有规范性，这是它与其他意识形态相区别的一个重要方面。道德教育以道德信条和道德规范为主要内容，也称为规范性教育。道德教育虽然在性质、方向上受政治教育、思想教育的影响和制约，但良好的道德水平对个体优秀的政治品质、思想素养、法纪意识和心理品质的形成与发展能够起到引领和提升的作用，因而道德教育是思想政治教育的基础。由于道德教育主要依靠人们的内心信念、传统习惯和社会舆论来维系，是一种非强制性的教育，强调潜移默化、自觉领悟和生活践履，因而其教育机理重在内省、养成和自律。大学生道德教育是依据马克思主义伦理思想和中国特色社会主义道德规范对大学生进行提高道德认识、陶冶道德情操、锤炼道德意志、确立道德信念、养成道德行为，将社会的外在要求内化为个体的道德观念、道德情感和内心信念，并在此基础上外化为个体的具体道德行为，帮助和引导大学生形成良好的道德品质、道德人格和道德精神的教育实践活动。道德教育是大学生思想政治教育内容中的规范性教育。大学生道德教育的内容主要包括社会公德、职业道德、家庭美德教育，中国传统美德教育，社会主义人道主义教育，以及生态道德、网络道德教育等。

第四，法纪教育是思想政治教育内容中的保障性教育，重在强化、自制和他律。法律是国家按照统治阶级的利益与意志制定或认可，并以国家强制力保证实施的行为规范的总和。纪律反映了广大人民的利益和客观规律的要求，是无产阶级政党执行路线、方针、政策的保证，是维护生产、生活和社会秩序所必需的，也是同自由相辅相成的。制度是一定的历史条件下形成的政治、经济、文化等各方面的体系，是要求社会成员共同遵守的、按一定程序制定的规程或行为准则。由于法纪规范是政治规范和道德规范得以实施的保障性力量，法纪教育在政治教育、思想教育和道德教育的实施中起着重要的保障作用，所以说法纪教育是思想政治教育内容中的保障性教育，尤其要加强民主法治教育，引导人们树立法律至高无上的思想，赋予法律以至高的权威、至尊的地位、至贵的价值、至诚的信仰。大学生法纪教育是对大学生进行社会主义法治和纪律教育，培养他们正确的法律观念和遵纪守法的品质，使他们知法、懂法、守法，并且学会运用法律武器保护自己的合法权益，主要包括社会主义民主教育、社会主义法治教育和纪律教育等。

第五，心理教育是思想政治教育内容中的自励性教育，其教育机理重在劝导、激励和体验。心理是人的思想政治品德形成的起点、基础和前提。在政治、思想、道德和法纪教育的过程中，人的心理状况始终起着维持、调节和统合的作用。人们的政治信念、思想素质、道德品质、法纪观念的形成，都要从一定的感知、情绪、动机等心理活动开始，受人的能力、气质、性格等个性差异的影响，经过感觉、知觉、记忆、注意、想象、思维及情绪、情感、意志、信念、行为等心理过程的发展和推动。大学生心理教育是对大学生进行有关心理健康方面的知识性教育、咨询性教育和发展性教育活动，旨在培养大学生良好的心理素质，提高他们的身心健康水平，促进他们全面而和谐地发展。

（二）大学生思想政治教育同一内容形态的多层次结构分析

如上所述，大学生思想政治教育内容整体形态具有层次结构。不仅如此，同一形态的教育内容，也绝不仅仅是由单一的层次构成的，而是有低有高、有浅有深的多层面所构成的复合体。

第一，大学生政治教育内容的多层次构成。从根本上说，政治教育是使大学生了解、认同、接受并努力实施无产阶级的政治纲领、政治战略和策略的过程。政治教育的重点是解决大学生对国家、阶级、社会制度等重大政治问题的立场和态度问题，形成反映绝大多数劳动者利益发展要求的政治共识，选择和确定一定的政治方向，具有明显的表达和实现无产阶级经济利益的政治倾向性。大学生政治教育内容的构成要素是政治认知、政治情感、政治价值观念及政治理想等。政治认知是大学生对政治事务的事实认知，属于事实内容。政治情感是大学生在政治认知的基础上产生的对政治对象的爱憎、好恶之感，它对政治教育内容的其他要素起调节作用，是个体政治动机的动力来源和感情基础，因而，政治认知和政治情感处于政治教育的基础层次。政治价值观念表现为政治价值目标、政治价值标准、政治价值信念等形式，在政治教育内容中对其他要素起定向、权变和制衡作用。大学生的政治立场和政治方向与政治价值观念密切相关，因此，政治价值观念处于政治教育内容的中间层次。政治理想是政治主体对社会未来发展模式和社会制度的设计或构想。正确的政治理想是社会发展规律与主体利益和需要的统一，是合乎认识的规律性与合乎实践的目的性之统一。政治理想属于思想政治教育的最高层次。

第二，大学生思想教育内容的多层次构成。思想教育是对大学生施加思想意识的影响，帮助大学生树立正确的世界观、价值观、人生观及思维方式的教育。世界观、价值观、人生观是一个有机的整体。世界观是由关于世界的事实问题的根本观点和关于世界的价值问题的根本观点组成的。世界观反映自然界、社会和人类思维的最一般规律，是最抽象、最高的理论层次；方法论是人们认识世界和改造世界的根本方法，是关于这种方法的理论，是与世界观相统一的，它作为人们认识活动和思维活动的工具可以看成渗透性、中介性的层次；而自然观、历史观、价值观、人生观等，由于它们所反映的对象比较具体，因而处于具体层次。思想教育的最终目的是实现科学的世界观、正确的人生观、进步的价值观的有机统一。世界观处于观念系统的最高层次，制约和影响着大学生的其他观念及行为，是正确的人生观、价值观和道德观形成的基础。世界观的转变是一个根本的转变，有什么样的世界观就有什么样的人生观和价值观。价值观处于观念系统的中间层次，它是大学生的观念系统中最为活跃的因素。人生观处于观念系统的最低层次，是世界观、价值观的鲜明反映。世界观、价值观、人生观是相互联系、相互作用的，世界观决定人生观、价值观，人生观与价值观紧密相连，人生观决定价值取向，价值观引导人生走向，人生观和价值观又丰富着世界观。加强思想教育，提高大学生的思想意识和思想认识，最根本的是要加强世界观、方法论教育。加强世界观、方法论教育，就是要加强马克思主义基本理论教育，引导大学生树立辩证唯物主义和历史唯物主义的世界观，树立全心全意为人民服务的人生观，树立与社会主义市场经济相适应、以集体主义为核心、乐于奉献的价值观。

第三，大学生道德教育内容的多层次性。现在我们一般把道德教育内容分为三个层次：处于较低层次的社会公共道德，这是全体公民都应共同遵守的最基础、最起码的行为准则；处于较高层次的社会主义道德，反映了国家和公民的根本利益，为广大公民所接受和践行；处于最高层次的共产主义道德，是具有先进性、崇高性和理想性的道德，是广大公民应努力追求的目标。大学生道德教育就是培养学生个体道德素质的教育，它引导大学生内化道德规范，形成道德观念，发展道德判断，培养道德情操，养成道德行为，提高道德境界。大学生道德教育内容的构成要素包括道德认知、道德情感、道德信念和道德行为。其中，道德认知和道德情感教育处于最低层次，道德信念教育处于中间层次，道德行为习惯处于最高层次。社会主义道德是一个多层次的体系，包括多个领域，反映多方面要求，即坚持以为人民服务为核心，以集体主义为原则，以爱祖国、爱人民、爱劳动、爱科学、爱社会主义为基本要求，以社会公德、职业道德、家庭美德为着力点，这样的道德教育格局涵盖了道德教育的层次性要求。

第四，大学生法纪教育内容的多层次结构。法纪教育是使大学生树立正确的法制和纪律观念，具有遵纪守法的良好品质的教育。纪律介于法律与道德之间，既有自觉性要求，又有强制性规定，从这个意义上说，纪律高于法律规范而低于道德规范。因此，服从强制是纪律教育的低层次内容，自觉自律是纪律教育的高层次要求。法纪教育是引导大学生知法、护法、守法的过程，因而，学习法律知识，培养法律意识，是法纪教育的最低要求；在此基础上，维护法律尊严，捍卫法律权威，正确认识权利与义务、民主与法制、自由与纪律的辩证关系，是法纪教育的中间层次要求；自觉在宪法和法律允许的范围内活动，模范遵守国家法律，则是法纪教育的高层次要求。

第五，大学生心理教育内容的多层次性。心理教育是以排解心理困扰、克服心理障碍、维护心理健康、培养健全人格，促进大学生心理素质健康发展为目的的教育。大学生心理健康教育的内容包括心理健康教育和心理素质教育两大方面。心理健康教育是指增强心理适应性和排除心理障碍，主要针对个体成长过程中出现的不利心理状态及心理方面出现的不同程度问题所进行的教育和指导，使之矫治以恢复正常状态，从而形成健康心理，促进其顺利成长和发展。心理素质教育是根据个体心理活动的规律，提高心理机能，充分挖掘心理潜能，促进其心理品质的提高和个性的发展，以助其学业、职业、事业成功及提高生活质量。心理素质教育的实质是使受教育者能够正确定位、扬长避短、开发潜能、实现自我。心理健康教育是心理素质教育的基础，只有心理健康才能实现心理素质的提高；而心理素质教育是心理健康教育的最终目标和归宿。因此，心理健康教育处于心理教育的较低层次，而心理素质教育则处于较高层次。

总之，大学生思想政治教育内容是一个由多层次要素构成的系统，这些内容相辅相成，共同构成主次分明、和谐统一的思想政治教育内容体系。政治教育以培养坚定的政治方向、政治立场、政治原则为目标，以爱国主义、集体主义、社会主义为中心内容；思想教育以培养正确的思想意识和思想方法为目标，以世界观、人生观、价值观教育为中心内容；道德教育以爱祖国、爱人民、爱劳动、爱科学、爱社会主义为目标，以社会公德、职业道德、家庭美德教育为中心内容；法纪教育以培养良好的法律纪律素质为目标，以知法、守法、护法、守纪为中心内容；心理教育以自尊、自爱、自律、自强为目标，以缓解心理失衡、排除心理障碍、提高心理素质为中心内容。在大学生思想政治教育内容形态结构中，政治教育是核心，思想教育是根本，道德教育是基础，法纪教育是保障，心理教育是前提。这些内容处于不同的层次和地位，既不可偏废，又不可相互替代。它们相互依存、相互依托，相互联系、相互渗透，共同推动着思想政治教育的发展。

二、大学生思想政治教育内容的优化整合需要从优秀传统文化中汲取营养

中国传统文化具有合理而独特的文化目标。这就使人与自我、人与人、人与物之间达成和谐共荣，并以人的道德提升作为社会发展的终极目标。传统文化的文化目标和价值理念亦为其本身的发展奠定坚实的基础。传统文化崇尚“厚德载物”“贵和尚中”的精神，对其他文化兼容并包，在不断吸纳其他文化和创新发展中丰富自身。今日中国之文明富强和文化自信得益于传统文化的濡养滋润，未来中华民族的发展壮大仍有待从传统中汲取文化力量。《周易·贲卦》讲“观乎人文，以化成天下”，这就是在讲文化的本意是“以文化人”。中国先民在敬法自然的基础上，进行合理的自我定位和人生选择，着力解决人的各种关系，建立合理的人伦秩序，使人在道德实践中修身成己。与西方文化传统更注重求知不同，中国传统文化更强调立人。这一立人的文化目标使传统农业社会一直葆有可贵的人文精神。当前，我们更需要回溯传统，审视生命的意义和人的价值，高扬人文精神，加强对大学生进行人文精神教育。

传统文化诸多优秀的文化理念在实现立人的文化目标过程中得以形成。“仁爱”“诚

信”，对待他人要“推己及人”，与万物的关系是“天人合一”。人的行为要“知行合一”，修养的方法是“内省慎独”，处理事务讲究“贵和尚中”。总之，人要“自强不息”“作新民”。这些理念要求每个人从道德修养出发，围绕人的各种关系建立和谐有序的社会图景。此外，强调人的仁爱本性，使道德扎根于人性。因为道德行为并非法律和宗教约束的结果，而是人在道德认知基础上做出的自我选择。这充分体现出人的高贵与尊严。同时，作为人之本性的实现过程，物质增长、科技进步不过是社会发展的阶段性目标，人类更为合理的终极目标乃在于人的精神进步和价值提升，由此，传统文化注重道德修养的优良传统就为人类社会指明更为合理的发展方向。

第二节　传统文化内涵丰富的思想政治教育素材

在教育内容上，传统文化中也含有丰富的思想政治教育素材。“内圣外王”是中国传统人格理论的精粹。“内圣”是加强修养、完善人格，“外王”是以德治国，而“治国”必须先“修身”。大学生思想政治教育就是要教育学生树立坚定的理想信念，勇于担当历史使命和社会责任，积极为实现中华民族伟大复兴的中国梦而奋斗。理想指引人生方向，信念决定事业成败。没有理想信念，就会导致精神上缺钙。只有把人生理想融入国家和民族的事业中，才能最终成就一番事业。现代社会的发展，需要自强不息、奋发有为的精神。中国传统文化中“刚健有为”的进取精神可以为当前的大学生思想政治教育提供参考和借鉴。大学生思想政治教育应教育学生客观理性对待人与人之间的差异，严于律己，宽以待人，正确冷静处理遇到的矛盾和问题，积极营造和谐的人际关系。中国传统文化与当代思想政治教育在教育内容上存在诸多一致性。大学生思想政治教育应借鉴传统文化资源强化教育对象的文化自信、坚定教育对象的理想信念，进一步推进大学生培育和践行社会主义核心价值观。

一、传统文化是大学生思想政治教育的历史场景

什么是传统？古代典籍曾指出，“传者，相传继续也”“众丝皆得其首，是为统”。由此可见，无论是“传”，还是“统”，都具有时间上的延续性及前后相继的关系。每个人都生活在传统之中，谁也不能脱离传统而生存。当我们能够独立开展社会实践的时候，传统文化已经通过社会化教育的方式进入我们的思维习惯了。今天，我们之所以能清晰地了解到两千年前的社会生活状况，能清晰地把握文化在每一个阶段的发展变化，正是由于传

统文化发挥了记事、载道、化人的作用。中华传统文化就是这些既定的、从过去继承下来的历史条件。它是当代大学生思想政治教育的重要文化背景，大学生思想政治教育要实现科学化的发展就不能不重视传统文化的作用。当代大学生思想政治教育的核心内容——社会主义核心价值观的文化源泉也来自中华优秀传统文化。牢固的核心价值观，都有其固有的根本。抛弃传统、丢掉根本，就等于割断了自己的精神命脉。社会主义核心价值观的三个层面十二个方面在传统文化中都有着鲜明的体现。比如，千百年来，中国人一直把对小康社会和大同理想的追求当作自己的奋斗目标之一，这是“富强”的传统思想底蕴；“民惟邦本”“民贵君轻”的思想则为民主的内涵渊薮；“和实生物，同则不继”的和谐思想是传统文化最明显的标志；等等。可以说，中华优秀传统文化是社会主义核心价值观的源头活水。传统文化不是静止不变的，而是跟着时代的变化而变化，在不同的阶段有着不同的特点。特别是近代以来，中国传统文化在接纳马克思主义的基础上，其内涵得到了丰富和完善，呈现出新的气象，形成了新的传统。

二、传统文化与大学生思想政治教育的价值契合

大学生思想政治教育本质上是基于对传统文化反思、甄别、借鉴而形成的价值观教育，涉及人们的理想、信念和信仰的确立或改变。它作为社会共同体得以存续和文化传承的重要渠道，对凝聚社会共识、引导主流观念、抵制错误思潮具有重要作用，它在当代的核心问题是如何实现马克思主义指导下传统性与时代性的统一。从根本上讲，这种统一有着内在的逻辑基础，毕竟它们两者作为“思想”的上层建筑或“观念”的上层建筑，都是由物质生产关系所决定的，二者存在诸多相关性。这些内在的联系为思想政治教育借鉴传统文化提供了历史的基础和现实的可能。

在教育内容上，两者存在一致性。用什么样的内容开展大学生思想政治教育是文化育人和开展思想政治教育的关键问题。中华优秀传统文化中三个方面的内容，即核心思想理念、传统美德、人文精神具有超越时空的价值，不但在古代社会得到大力弘扬，在当代中国也极为需要。传统文化核心价值理念中的革故鼎新、实事求是、天人合一等，传统美德中的精忠报国、见贤思齐、礼义廉耻等，人文精神中的求同存异、和而不同、俭约自守等，对于我们建构当代大学生的精神家园和安顿大学生的心灵、抵制西方消费主义的诱导和市场经济所带来的负面影响、形成理性平和的社会文化氛围具有重要作用。当我们对一些大学生中存在的“道德滑坡”“价值失落”等问题进行理性反思时，才发现中华民族最可贵的文化基因正隐藏于此。

三、以优秀传统文化提升大学生思想政治教育实效性

中华优秀传统文化作为沉淀在中国人心中的集体意识，以潜在的方式时刻影响着中国人的价值取向、思维习惯、生活观念、行为方式等各个方面。当代思想政治教育作为培养人们形成符合社会主义要求的世界观、人生观、价值观的学科，要切实发挥其对人的价值共识凝聚、精神状态提振、和谐心理培育的作用，就不能不重视传统文化作用的发挥。当前，推进中华优秀传统文化创造性转化、创新性发展，实现传统文化与现代文化的内在统一，把优秀传统文化育人的内容、方法等诸多方面融入当代思想政治教育是提升其有效性的重要路径。

（一）用中华优秀传统文化来增强文化自觉和文化自信

文化自觉和文化自信是一个民族基于对本民族文化认识而形成的心理状态，是一个国家文化软实力的重要组成部分。重构当代中国人的精神世界、建设我们共同的精神家园是当代思想政治教育的重要任务。思想政治教育应把优秀传统文化当作自己的重要内容，并通过对其弘扬、传承，让中国人意识到优秀传统文化是我们的突出优势，是我们最深厚的软实力，认识到中华优秀传统文化不仅为中华民族伟大复兴的中国梦提供精神支持，对世界其他国家也具有重要的启发意义。深受传统文化浸染走出来的中国人一定能以更加开阔的视野、更有抱负的胸襟、更加积极的心态来应对各种挑战。

（二）用中华优秀传统文化涵育社会主义核心价值观

作为思想政治教育重要价值指引的社会主义核心价值观不能仅仅停留在理念上，更重要的是落实在实践中。要把社会主义核心价值观落细、落小、落实，使其影响像空气一样无所不在、无时不有，还要依靠优秀传统文化的力量。中华优秀传统文化不仅是社会主义核心价值观的重要来源，而且是培育社会主义核心价值观的载体。由于传统文化是以“日用而不知”的方式作为社会存在的，用它来引导人们认识社会主义核心价值观，对接受者来说具有天然的亲近感，有利于接受和认同。

第三节　弘扬以文化人优秀传统，加强大学生思想政治教育

思想政治教育与以文化人是辩证统一的关系。思想政治教育是以文化人的实践系统，

以文化人是思想政治教育的自觉活动。我国有着以文化人的优良传统。作为思想政治教育的关键要素，教育内容、教育方法、教育载体是研究大学生思想政治教育以文化人的关键点，也是揭示大学生思想政治教育以文化人内核实质的必然路径。

一、大学生思想政治教育内容的以文化人

纵观思想政治教育从古至今的发展，不难发现，其教育内容上与传统文化的“最大公约数”便是以文化人。无论是古代德育中优秀传统文化的内容，还是五四运动以来思想政治教育所形成的革命文化，或是中华人民共和国成立以来逐渐发展和丰富的社会主义先进文化，都彰显出思想政治教育内容的以文化人特质。

中国古代德育体系一定程度上等同于现在的思想政治教育体系，具有鲜明的人文主义意蕴。从德育目标上看，它把做人或成为圣贤作为德育的唯一目的；从德育内容上看，古代德育一直注重教人以德行与智慧，而不止是单纯的知识。也就是说，我国古代德育的内容关注着“人”。“礼”是古代德育的基础，以“礼”为核心内容的思想政治教育体系不仅强调了确保秩序的强制规范，也为人的修养提供了基本准则和标准。“凡人之所以为人者，礼义也。”孔子也强调“不学礼，无以立”。除了把“礼”作为核心内容，古代德育还有一个重要的维度便是将“天人合一”作为最高境界。“人者天地之心也”将人定位至与天地一体的境界，从本体论的角度将人定位于“为天地立心”，具有重大的意义。宋代儒学则提出“人与天地，一物也”“天人本无二，不必言合”，这些观点更体现了天人合一的思想。张岱年认为，中国古代哲学家所谓天人合一，最基本的含义就是肯定自然界和精神的统一，在这个意义上，天人合一的命题是基本正确的。从本质而言，古代德育内容中的“礼”与“天人合一”思想，始终将关注点指向人，在某种意义上是属于对“德行”的关注，但更是以追求个人完善为目标，以研究个人的德行为重点，诉诸个人的修养和社会的教化，力图通过告诉人们如何成为有德行的人而使人们达到完善。

到了近现代，思想政治教育内容发生了实质转向，但其核心要义依然围绕“以文化人”具体展开。这里的“文”由“人”创造，而这里的“人”则以人民群众为主体，因此，中国革命文化所具有的群众性特征充分展示了其“以文化人”的传统。文化运动和实践运动都是群众的，民众就是革命文化无限丰富的源泉。革命文化是人民群众创造的，是一种反映了人民群众精神诉求的文化产品，在革命实践活动中形成的革命精神、优良作风和高尚品德，如“长征精神”“延安精神”“井冈山精神”“东北抗联精神”，其“以文化人”传统在于由人民群众创造的革命文化成为一种强大的思想武器，促进了人民群众在革命战争年代的意识觉醒和觉悟提升，极大地激发了人民群众的革命热情。革命文化根植于

人民群众，成长在国家民族危难之际，形成了丰富多彩的文化形式，焕发出强大的生命力和创造力，这种生命力和创造力的根源恰恰在于“以文化人”，即由人民群众创造的革命文化孕育着革命战争年代无产阶级的价值追求、思想模式及生活方式，因此，它具有“化”的功能，能够产生强大的活力并深入人心，对那个社会阶段革命实践活动的发生和发展具有决定性价值。

中华人民共和国成立以来，中国共产党领导全国各族人民在社会主义建设进程中形成了社会主义先进文化，成为新时期思想政治教育内容的主体，同样也以其内容的科学性、时代性、人民性形成了“以文化人”的优良传统。中国特色社会主义先进文化旨在弘扬以爱国主义为核心的民族精神和以改革创新为核心的时代精神，其实质就是革命文化在当下的一个延伸。这种延伸体现在社会主义先进文化作为思想政治教育的内容，具有“以人为本”的本质特征，这也是彰显其“以文化人”传统的核心体现。社会主义先进文化是为了人民、服务人民的文化，不断满足人民群众的精神文化需求是社会主义先进文化发展的内在要求。“以人为本”从本质上讲是一种价值取向，也是建设社会主义先进文化的根本遵循。一方面，建设社会主义先进文化是为了维护人民群众的根本利益、满足人民群众的精神生活需求；另一方面，发展社会主义先进文化依靠的是人民群众的智慧和力量，同时还要依赖人民群众的评判。归根结底，社会主义先进文化作为思想政治教育的重要内容，充分体现着“以人为本”的要义，以人民群众喜闻乐见的具体形式和内容，不断满足人民群众的精神需求，同时也在自身发展中丰富人民群众的精神生活，实现思想政治教育的创新发展，形成优良传统。

二、大学生思想政治教育方法的以文化人

大学生思想政治教育在实践活动中形成了丰富的方法体系，按照其一般过程，可以分为认识方法、实施方法、调节评估方法等。笔者讨论的是思想政治教育实践活动过程中的具体实施方法，即传统德育中的教化，日常思想政治教育中的群众路线、疏导结合、情理交融、典范教育、自我转化等多种方法。这些方法体现了思想政治教育“化人”的功能，是思想政治教育目标得以实现的关键，也是大学生思想政治教育以文化人的功能所依。

教化是指儒家所提倡的政以体化、教以效化、民以风化，属于我国古代思想政治教育的重要方法。中国古代的教化主要体现为拥有一套完善的“礼仪之邦”社会教化体系，这种教化一般体现于两方面：一是伦理的教化，目的在于追求“内圣外王”的境界；二是政治的教化，目的在于实现“化民成俗”的状态。在古代，教化作为一项重要的基本国策，完成了政治家用以“正风俗、治国家”的使命。在中国传统社会的教化体系中，以人文、

伦理、道德及其规范为主要内容的“三纲五常”“三从四德”“礼义廉耻”等，通过教育系统具体实施，将家庭及其他多种社会力量纳入教化体系中，融入人们的家庭生活、社会交往及生产实践等各个方面，或有形或无形地渗透到大众的思想意识、生活行为中。总之，教化是我国古代德育最有效的一种方法，建构起一套完整的社会秩序体系，规范着个体服从集体与社会，将个体与家族、社会整合为共同体，确保社会的和谐稳定。

随着思想政治教育的科学化发展，思想政治教育方法也在不断丰富。新时代，思想政治教育方法主要体现于理论的教育方法和实践的教育方法两方面，在具体实施方法层面，“以理服人，以情感人，以行带人”体现了思想政治教育以文化人的优良传统。所谓以理服人，就是“晓之以理”，用摆事实、讲道理的方法进行说服教育，关键在于教育者用自身的理论认识解决受教育者的思想认识问题；所谓以情感人，就是“动之以情”，是用真挚的情感去打动人的一种方法，关键在于教育者能够真正做到关心关怀受教育者；所谓以行带人，就是“导之以行”，是用榜样的事迹感染人的一种方法，关键在于用典型模范的优秀品格去影响人。这三种具体方法中的“服人”“感人”“带人”从不同层面体现了以文化人的“化”的功能，这些方法促进了人对思想政治教育的认同。须强调的是，“以理服人，以情感人，以行带人”既是相互独立的方法，又是相互关联的方法体系，在具体工作中要结合起来统筹实施、综合运用，从而更好地实现以文化人的功能。

三、大学生思想政治教育载体的以文化人

大学生思想政治教育载体是指在实施思想政治教育的过程中，能够承载和传递思想政治教育的内容或信息，是能为思想政治教育主体所运用，促进思想政治教育主客体之间相互作用的一种活动形式和物质实体。实现以文化人功能的过程，事实上是一个从主体选择到内化整合再到外化实践的反复过程，这一过程中思想政治教育载体发挥着重要作用。从本质而言，思想政治教育载体本身就有着文化性，无论是话语载体、活动载体还是传媒载体，在发挥其本身所具有的承载、传导、蕴含等功能的同时，表现出强烈的文化特质。

大学生思想政治教育活动作为一种载体，具有多样性特征。根据活动实施的具体形式，可以分为理论学习性、实践体验性、文娱体育性活动载体等。各种类型的活动载体有一个共性的特征，即文化性。从本质上讲，大学生思想政治教育活动与其他类型活动的本质区别在于，作为载体，它承载着价值观念等内容，因此大学生思想政治教育活动以多样的形式表达着根本一致的诉求——传递价值观念，实现思想政治教育的目标。大学生思想政治教育活动载体在联结教育者与受教育者的过程中产生了积极多样的精神文化，这种精神文化既是思想政治教育活动的内在需求，也是产出思想政治教育成效的本源形态。总

之，大学生思想政治教育活动载体从精神文化层面决定了自身的文化境界。

话语是大学生思想政治教育的基本载体，具有文化性。大学生思想政治教育研究话语具有文化的科学性与理论性。随着思想政治教育学科的建立，思想政治教育研究日趋成为一项重点，而研究话语与政策话语、工作话语不同，具有独特的科学性与理论性，这种揭示思想政治教育特征、规律的研究话语同样属于一种文化形态，是体现大学生思想政治教育以文化人的重要支撑。大学生日常思想政治教育工作者的话语涵盖着教育内容与教育方法，具有较强的普适性，这种普适性话语体现出思想政治教育的亲和力与感染力。党和国家有关思想政治工作的政策文件承载着大学生思想政治教育目标，其话语具有文化的先导性。政策文件的语言既抽象又凝练，体现了思想政治教育的重要性与严肃性，这也为大学生思想政治教育实践活动的实施提供了明确的导向。

大学生思想政治教育的传媒载体以物质形态呈现，主要包括报纸、广播、电视等大众传媒及新时期的网络传媒。从某种意义上说，文化的形成和发展须借助传播活动方可顺利有序进行。大学生思想政治教育的传媒载体运用现代信息技术，将文化进一步整合与交融，促进思想政治教育文化的开发与创新，进而实现思想政治教育以文化人的功能。不同的传媒载体会产生不同的传播效果，因此传媒载体是一种能动的文化装置，它可以有选择地传播思想政治教育文化。特别值得注意的是，大学生思想政治教育的传媒载体不仅能够传播文化，还具有创造自身传媒文化的功能，其根本原因在于文化对传媒具有较强的依赖性，所形成的传媒文化也具有强大的生命力并呈现出优越的发展态势。近年来，网络文化凭借现代技术展现出巨大的优势，加之现在的大学生都是网络的热爱者，天然亲近网络，多因素叠加形成了跨文化、开放性、互动性的大学生思想政治教育信息传媒载体。一方面，网络文化催生了大学生网络思想政治教育的发展；另一方面，网络自身的固有特点、网络文化安全等问题突显，给大学生思想政治教育工作带来巨大挑战。但无论怎样，这种新生事物都不可避免地进入大学生思想政治教育文化的范畴。

第四节　植根优秀传统文化构建大学生思想政治教育内容体系

以中国传统文化的整体思维观为理论依据，以党和国家关于大学生思想政治教育内容的规定性为基本遵循，以优秀传统文化内含的思想教育、政治教化、道德规范为源头，构建起植根于优秀传统文化的大学生思想政治教育内容体系，包括：重义轻利、和而不同的君子人格，培育和践行社会主义核心价值观；尊师重道、关照弟子的新型师生关系；继承为政以德、德主刑辅政治思想，认同法治与德治有机结合、相得益彰；弘扬厚德载物、德位相配，强化个人道德修养；光大刚健有为、自强不息，强化艰苦奋斗精神，实践幸福是奋斗出来的理念；等等。

一、党和国家关于加强大学生优秀传统文化教育的相关规定

教育部《完善中华优秀传统文化教育指导纲要》指出："加强中华优秀传统文化教育，是培育和践行社会主义核心价值观，落实立德树人根本任务的重要基础。"并提出了加强中华优秀传统文化教育的基本原则和主要内容。《关于实施中华优秀传统文化传承发展工程的意义》则明确强调要将优秀传统文化"贯穿国民教育始终"，全方位融入思想道德教育、文化知识教育、艺术体育教育、社会实践教育各环节。

《教育法》规定：国家在受教育者中进行爱国主义、集体主义、中国特色社会主义的教育，进行理想、道德、纪律、法治、国防和民族团结的教育。教育应当继承和弘扬中华民族优秀的历史文化传统，吸收人类文明发展的一切优秀成果。这些都是大学生思想政治教育的主要内容，每一项内容又可具体分为许多方面。

爱国主义教育主要包括：中华民族悠久历史教育和优秀传统文化教育，党的基本路线和社会主义现代化建设成就教育，中国国情教育，社会主义民主和法制教育，和平统一、"一国两制"的方针教育。集体主义教育包括：尊重、关心、理解他人，集体成员之间团结协作的教育；为集体服务，维护集体荣誉的教育；关心社会，为家乡、社会的公益事业贡献力量的教育；正确处理个人与集体、国家利益关系的教育；以集体主义为导向的人生价值观的教育。通过教育使学生正确理解党的基本路线，拥护党的领导，坚持走中国特色社会主义道路。理想教育包括人生理想教育、道德理想教育、职业理想教育和社会理想教育。理想教育的核心就是使学生树立献身社会主义现代化建设事业的坚定信念。理想教育应当和世界观、人生观教育结合起来，和科学信仰教育结合起来，使学生在社会、人生、事业等方面树立正确的理想与奋斗目标。道德教育包括：中华民族优良传统道德教育、社会公德教育和道德评判能力的培养、社会主义道德教育、职业道德和环境道德教育。纪律与法制教育包括：宪法及有关法律常识和法规的教育；知法守法，维护社会稳定，运用法律武器自我保护和抵制违法乱纪行为的教育。要让学生树立起社会主义民主法制观念，自觉遵纪守法，勇于同违法现象做斗争，服从国家和集体的统一意志并具有高度的组织性和纪律性。国防教育包括：国防意识和国家安全意识的教育，捍卫祖国独立、维护国家主权和领土完整的教育，军民团结教育和对普通高等学校在校生进行基本军事训练。通过国防教育，增强学生的国防意识和国家安全意识，使他们初步具备基本的军事素质和技能，自

觉地捍卫祖国的尊严、独立和统一。民族团结教育包括：树立马克思主义的民族观、宗教观的教育，党的民族政策和宗教政策的教育，民族团结历史的教育。要让学生了解我国的民族团结政策和宗教政策，树立各民族一律平等的思想，自觉维护民族团结和祖国统一。

中华民族具有五千年悠久的历史和灿烂的文化，因此，在教育活动中要始终坚持把那些世代相传、长期积淀下来的优秀历史文化传统继承、弘扬下去。同时，要努力吸收人类文明发展的一切成果，凡是对我国经济和社会发展有积极作用的外来文化，特别是先进的科学技术，具有普遍适用性的经济管理和其他管理经验，先进的教育思想和教育方法，优秀的文学艺术、文化思想，以及文明健康的生活方式与生活习惯等，都应该积极地予以吸收。

大学生思想政治工作的内容十分丰富，但主要还是思想政治教育，它是思想政治工作任务的具体化。确定思想政治工作内容的依据是党的路线方针政策，是当前的形势、任务和党员、群众的思想实际。大学生思想政治工作的内容大体分为两个部分：一是系统教育。系统教育就是进行马克思主义基本理论、党的基本路线教育，爱国主义、集体主义、共产主义教育，党的性质、宗旨、作风、纪律教育等。要把党性教育和精神文明教育的内容贯穿在系统教育之中，并有机地结合起来。进行系统教育有利于帮助大学生完整地理解和掌握马克思主义的基本立场、观点和方法，并使之运用到建设中国特色社会主义事业中去，有利于帮助大学生增强党性信念，提高政治思想素质，坚持四项基本原则，坚定社会主义信念，树立共产主义理想，具有正确的世界观、人生观和价值观。二是日常教育。日常教育就是经常性地对大学生进行形势与政策教育、利益关系教育、遵纪守法教育、业务技术教育等。进行日常教育，对于帮助大学生正确理解党在现阶段的路线、方针、政策，正确处理个人、集体和国家的利益关系，遵守党的纪律、国家法律，培养社会主义现代化必需的思想水平和业务工作能力有着重要的意义。

二、基于优秀传统文化的大学生思想政治教育主要内容

将优秀传统文化融入大学生思想政治教育，应着力从以下几方面入手。

（一）传承君子人格，培育和践行社会主义核心价值观

培育和弘扬社会主义核心价值观必须立足中华优秀传统文化。牢固的核心价值观都有其固有的根本。在中华优秀传统文化中，“君子文化”能代表中华民族深层精神追求和独特精神标识，并体现中华民族的基本文化基因。

1．“君子”是中华民族理想人格形象

做人要做君子，这是数千年中华优秀传统文化的选择，也是今天每个中国人应当和乐于做出的选择。君子概念及君子文化，是中华优秀传统文化的聚焦之点和闪光之源，是烛照中华儿女历经坎坷而跋涉向前的人格力量和心理支撑。君子概念及君子文化，完全可以经过新的阐释激发其勃勃生机和强大活力，在当代社会树起一面具有深厚传统底蕴和时代精神的文化旗帜。春秋末期，孔子从不同侧面反复解说和阐发，使“君子”一词被赋予许多优秀道德的内涵，成为一种理想人格模式的称谓。孔子常在君子与小人的对举和比较中，肯定和褒扬君子是他心目中的道德高尚之人。

可以说，“君子”是数千年中华优秀传统文化塑造的中国人的理想人格。儒家学说乃至整个中华传统文化，其中很重要的内容是阐扬仁、义、礼、智、信及忠、孝、廉、耻、勇等众多为人处世的伦理和规范，它们最终都集聚、沉淀、融入和升华到一个理想人格即“君子”身上。“君子”概念古老而鲜活，在当代社会也在不同阶层人群中有相当的知晓度和认同度，君子风范今天仍被绝大多数中国人奉为做人的圭臬。

2．君子文化是培育和弘扬社会主义核心价值观思想文化上的价值共识

一种社会风气的形成，遵循“上有好者，下必甚焉”的规律。社会主义核心价值观作为兴国之魂，孕育于建设中国特色社会主义的生动实践中，又深深扎根在中华优秀传统文化的沃土里。君子文化是中华传统文化的重要组成部分和精华所在，社会主义核心价值观与其中许多内容都是一脉相承、对接互补的。譬如，历代君子身上都颇为明显地体现出三大特质：以“天下兴亡，匹夫有责”为重点的担当精神和家国情怀，以仁义共济、立己达人为重点的互助理念和社会关爱思想，以正心笃志、崇德弘毅为重点的修身要求和向善追求。这三大特质，与社会主义核心价值观倡导“富强、民主、文明、和谐”国家层面的价值目标、倡导“自由、平等、公正、法治”社会层面的价值取向、倡导“爱国、敬业、诚信、友善”个人层面的价值准则等，完全可以对接、互鉴和贯通。这就是说，君子文化是培育和弘扬社会主义核心价值观能够直接嫁接，并在新时代开花结果的老树新枝。通过这种嫁接，两者在互补互释中相辅相成、相得益彰：一方面，培育和践行社会主义核心价值观获得传统文化这株参天大树庞大根系的丰富滋养；另一方面，君子文化这株昂首向上的千年古木在现代阳光雨露的沐浴和浸润下不断抽出新的枝条，结出新的硕果。

3．君子文化具有古为今用的重大现实意义和价值

君子文化源远流长、内涵丰富，不仅是继承和弘扬中华优秀传统文化的重要课题，更是为培育和践行社会主义核心价值观提供传统文化滋养需要讲清楚、弄明白的问题。在理

论探讨层面，应大力开展关于君子文化的学术研究。由于君子是数千年中华传统文化塑造的中国人的理想人格（或者说集体人格），其中蕴藏着中国人观察事物、思考问题和行为处事不同于其他民族的基本性格密码，因而对君子文化的研究就绝不仅是一种历史考察和纯学术的审视，更是一种重新认识自己、树立文化自信、张扬国格人格的理性洞悉和时代确证。这是一个既有历史性和学术性，更有时代性和实践意义的重大课题，值得花大力气、下大功夫认真研究。在社会生活层面，应大力倡行君子之风和君子之道。对于君子人格的设计蓝图，历代中国人接受最广，吸收其他人格模式优点最多，在中华文化广袤沃土中扎根最深，与中华文化思想精华和道德精髓重叠面最大。中华优秀传统文化在每个中国人心底都埋有一颗君子的种子，激活和倡行君子文化就是要让这颗种子在新时代生根发芽，茁壮成长。面对市场经济浪潮席卷社会生活每个角落，一些人出现信仰缺失、价值迷失、道德失范等诸病连发的状况，我们尤其需要在社会生活各方面大兴君子文化、大倡君子之风、大行君子之道，让君子文化这剂传统良方在大学生培育和践行社会主义核心价值观中，发挥补气固本的独特作用。

（二）传承师道尊严，形成尊师重道、亲师爱生的新型师生关系

1. 尊师重教优秀传统源远流长，重振“师道尊严”正当其时

所谓“师道尊严”，即指为师之道尊贵、庄严，显示教师为受人尊敬的神圣职业。教师对学生成长起着重要作用，只有业务能力过硬、把学生当自己孩子的优秀教师，才能给学生好的影响。

2. 内外兼修，营造环境与规范自律须并重

重振师道尊严，首先要在全社会继续大力倡导尊师重教。值得一提的是，官方对健全师德建设长效机制，推动师德建设常态化、长效化进行了明确，同时提出，推行师德考核负面清单制度，建立教师个人信用记录，完善诚信承诺和失信惩戒机制。不仅要有师德表彰这样的制度建立，同样要有师德“一票否决”的细则。既要表彰师德好的教师，同样对师德存在问题的教师，要在其考核中有所体现。在加强师资力量建设，特别是提升教师水平方面，应从改革教师管理评价体制、加强职业道德教育和依法治教等多方面入手，还要注重提高教师地位、保障其待遇，为他们职业发展提供空间，给予他们应有的尊重。在教学上要给教师一定的自主权，同时可以考虑细化教师工资衡量、考核标准，调动优秀教师工作积极性。要适度提高教师行业的准入门槛，严格考核。从老师自身来说，还要提高自身修养、工作能力，严格自律，做到有资格让学生尊敬，这样才能重振师道尊严。

3. 传承师道尊严，构建和谐师生关系

毫无疑问，当前我们应该着力构建新时代良好师生关系。师生关系即教师和学生在教育教学过程中结成的相互关系，包括彼此所处的地位、作用和相互对待的态度等。师生关系既受教育活动规律的制约，又是一定历史阶段社会关系的反映。良好的师生关系，不仅是提高学校教育教学质量的保证，也是社会精神文明的重要方面。在新时代，构建良好师生关系，已成为党和政府必须正视、研判和着力解决的一大课题。新时代赋予中国教育新的发展要求、发展内涵、发展目标，就是建设教育强国，加快教育现代化，办人民满意的教育。其中，尽快构建新时代良好的师生关系是一个重大的子课题，需要党和政府高度重视，做出科学的制度安排，调动社会各方面的资源，推进全方位的引领和回应。同时，在有关教育的法律法规中，应该明确各类学校师生的奖惩细则，厘清道德与法律的界限，使“师道尊严”这个中华民族的优良传统，在习近平新时代中国特色社会主义建设中发挥其应有的作用。

（三）批判地吸收中国传统文化中“德治”与“法治”的精华，引导大学生正确认识我国依法治国和以德治国基本方略

在现代社会，法律与道德依然是实现国家治理和社会控制的两种重要方法。但如何处理两者之间的关系，在理论与实践中仍然歧见纷呈。同样，在实行依法治国，建设社会主义法治国家的当代中国，如何合理地处理法律与道德的关系问题仍然是一个不容忽视的重大课题。

“德主刑辅”“刑主德辅”是中国传统文化中著名的治理理念，是在不同的时代背景下产生的治理文化。中华文明之所以能够经受住各种冲击而坚守根基，很重要的一个原因是法治和德治相结合的传统文化基因。在一定意义上，中国传统文化就是围绕着“制度治理”和“心性治理”的文化展开的。传统文化中的“德治”是立足于整个社会的价值导向，着眼于人的认识层面，是一种倡导心性修养以实现内心约束，从而达成治理目标的治理方式。“法治”则强调法律的约束和规范作用，旨在利用严刑峻法来达到理想的社会治理效果。无论是温润的德治，还是严厉的法治，在我国古代的治理进程中都扮演了重要的角色。批判地吸收中国传统文化中“德治”与“法治”的治理理念精华，对于坚持依法治国和以德治国方略，对于我国新时代中国特色社会主义建设具有重要的理论意义和现实意义。

1. 儒家学派“德主刑辅”思想的形成及其意义

从历史上看，“德主刑辅”思想萌芽于周公提出的“明德慎罚”思想，中间经由孔子的具体提倡，又由孟子、荀子、董仲舒等古代思想家继承、发展和改造，最终形成了“德主刑辅”治国思想。这一思想曾被中国古代统治者长期奉为基本的治国策略，同时也决定了我国传统法律文化的基本性格和基本特征。

总之，中国古代“德主刑辅”思想的形成，特别是其在汉代上升为治国方略以后，对于巩固传统的帝制统治、维护社会秩序的稳定起到了十分重要的作用。德主刑辅原则是中国历史上统治阶级统治经验中最大、最重要的一个方面，它成了中国奴隶主及封建地主阶级在统治方法上实行自我更新的一个表现。这个原则最直接的结果是一定程度上缓和了社会矛盾，中国封建社会能延续那么长时间与这一点不无关系。德主刑辅体现了中华民族重视对社会秩序的综合治理、治本和治标相结合的辩证思维。中国是世界四大文明古国中唯一文化没有中断的国家，在漫长的历史中积淀了深厚的执政经验，这是中国对人类的一大贡献。因此，作为一种治国方略，“德主刑辅”思想值得我们进一步深入研究。

2. 道家学派“道法并治”的主张

道家学派关于德治与法治的思想蕴含在道家文化中，主要以两种方式呈现：一是以价值取向的形式蕴含在老庄学派的思想观念中，二是以直接阐明的形式反映在黄老学派的典籍和文献之中。道家学派关于德治与法治的思想，是以“道”（自然规律）为本原而引申出的一套治理体系。

3. 法家学派“刑主德辅”思想

法家学派与儒家学派、道家学派相比，在治理方式与治理手段上更青睐严苛的治理形式，更注重通过外在行为的约束来取得君主渴望的治理良效。然而，这并不能作为法家学派否定德治的依据，与儒家、道家一样，法家在某些方面也流露出重视内心的教化作用、尊崇德治的迹象。

综合儒家、道家、法家“德治与法治”关系的分析，可得出结论：在中国传统治理文化中，德治与法治是两种治理途径，德治是内在心灵的修养，法治是外在制度的约束，这是两种不同的本体论，也是不同的方法论。在德治与法治的关系认识上，儒、道、法三家殊途同归，最终都主张内心调适和外在制度约束相统一的多元化治理方式。新时代大学生思想政治教育内容要从立足于创新性改进和创造性发展传统文化的视角，引导大学生正确认识党和国家依法治国和以德治国基本方略。

（四）弘扬厚德载物、德位相配，强化个人道德修养

1. 唯有厚德方能载物

“厚德载物”有利于培养大学生的道德人格。现代理想人格依然寄托着人们的期待和

追求。它要求人们具有广博的爱心，乐善好施；要有道义感，见义勇为；要有道德操守，讲诚信；要正确处理义利关系，见利思义；要有承担责任与苦难的勇气；等等。现代社会的发展越来越表明，一个人事业的成功与否，不仅取决于智力因素，还取决于非智力因素，特别是人的道德品行。凡是有作为、成大器者，无不具有高度的责任感、进取心、自信心，以及热爱祖国、关心他人、勤奋上进、勇于奉献等品质。一个内心缺乏道德精神或道德意志不坚定的人，很容易在物欲横流中随波逐流、腐化堕落。欲立事，先立人。培养良好的道德人格，不仅有益于个体的自我完善，而且有益于人生价值的实现。儒家追求“厚德”的君子人格，集孝、悌、忠、义、礼、信、诚等诸多道德品质于一身，几乎成为中国传统道德的化身。而儒家君子人格所具备的诸种道德品质为现代理想人格提供了理论模式。

“厚德载物”有利于督促人们追求高尚的精神生活，实现个人幸福。儒家强调人与动物的根本不同在于人追求精神生活，主张向内寻求生命的根据和快乐的源泉。只有精神的充实和道德的追求，才能使人体验由内而外的快乐与幸福。儒家推崇的“孔颜乐处”就使人在道德实践中体会真正的充实和富足。儒家许多富有生命力的传统道德，如正义、诚实、信任、宽厚等，已构成人们恒久的道德情怀，使人有尊严地生活，使中国以“礼仪之邦”享誉世界。现实社会中，当传统道德被市场经济冲击时，功利、庸常、浮躁成为一些人的生活写照，物质生活提高之后，人的幸福感并不一定增加，人们领悟到生活不只是为了满足物质享乐而忙碌，还应有一种精神追求的乐趣。道德能够让人有尊严地生活，感受到人际和谐和受人尊重的欣慰。“厚德载物”思想能够培养人们的仁爱之心，使人克制人欲、减轻自私自利之心，爱他人、爱社会、爱人类、爱万物。有此修养的人，才会在家庭、工作和社会生活中助人为乐、勇担责任。

“厚德载物”的人文特质有利于构建和谐社会。和谐社会是一个各方面利益关系得到有效协调的社会。“厚德载物”作为一种博大的精神素养，它概述了人与自然、人与社会、人与人之间关系要和谐、协调的深刻认识，是播种和谐的种子。“厚德”强调个人内在道德修养，对构建和谐社会具有独特的意义。它可以使人在喧嚣的尘世搅扰、利益之争和现实矛盾的旋涡中，获得一种内在的超越感和一份心灵的宁静，从而为每个人处理好与他人、与社会的关系奠定心理基础。在竞争日趋激烈的社会现实中，如果我们注重自我修养，在人际互动中约束个人行为，减少人际摩擦，化解人际中的紧张与冲突，自然就有利于形成稳定和谐的社会环境。在当今多元化、多样性的社会中，“求同存异、包容共济”对于调节各种关系和矛盾，使社会和谐稳定发展至关重要。

总之，“厚德载物”做谦谦君子，塑造了中国人博大、宽厚、务实的道德心灵和精神风貌。它是中华民族的生命睿智、人生境界和精神气象。当今社会，虽然经济迅猛发展，人们的观念也随之日益更新，但儒家“厚德载物”思想，对于培养大学生现代公民道德，树立良好的社会道德风尚，以及构建社会主义和谐社会，仍然具有十分重要的现实意义。

2. 孔子“德不配位，必有灾殃”思想令人深思

《周易·系辞下》提出：“德不配位，必有灾殃；德薄而位尊，智小而谋大，力小而任重，鲜不及矣。”“德不配位，必有灾殃”主要有三种表现：一是德薄而位尊，即一个人的道德和人品的高度与这个人所处的位置不成正比；二是智小而谋大，意思是一个人的智慧很小，但他的计划太大，与个人的能力不相配，其结果是造成很严重的损失；三是力小而任重，意思是一个人的力量达不到其负重，轻者伤身，重者丧命。

在现实生活中，有不少“德不配位，必有灾殃”的事情发生。一个人品德低劣，却身处高位；一个人贡献很小，却占有很多财富；一个人智慧浅陋，却可以掌握大权，这都会给一个人带来很大灾难！

（五）光大自强不息、艰苦奋斗精神，践行幸福是奋斗出来的理念

我们的祖先在求生存、谋发展道路上历经艰辛，孕育培养了一种自强不息、百折不挠的积极进取精神。这种精神可以概括为“天行健，君子以自强不息”。天道的运行是刚健有力的，有才德之人应效法天道的刚健自强。这种精神从古到今一直是激发中华民族奋勇向前的源泉。它是对从远古时代以来，先民征服自然、适应环境的总结，自此以后也一直激励着国人不屈不挠的壮志。

1. 中国传统文化的基本精神之一：自强不息，刚健有为

中国文化丰富多彩，中国思想博大精深，中国文化的基本思想是一个包括诸多要素的统一体系。这个体系的要素主要有四点：一是刚健有为，二是和与中，三是崇德利用，四是天人协调。其中“天人协调”思想主要解决人与自然的关系；“崇德利用”思想主要解决人自身的关系，即精神生活与物质生活的关系；“和与中”的思想主要解决人与人的关系，包括民族关系，君臣、父子、夫妇、兄弟、朋友等人伦关系；而“刚健有为”思想则是处理各种关系的人生总原则。四者以“刚健有为”思想为纲，形成中国文化基本思想的体系。

总之，《周易大传》把自强不息、厚德载物、刚中、及时、通变有机地结合起来，形成了一个以刚健为中心的宏大的生活原则体系。这些思想的影响很大，在铸造中国文化基本精神方面起了决定性的作用，对推动中国文化的发展也起了很大作用。

2. 弘扬爱国奋斗精神，刚健有为、自强不息

幸福都是奋斗出来的。九层之台，起于累土。要把宏伟蓝图变为现实，必须不驰于空想、不骛于虚声，一步一个脚印，踏踏实实干好工作。

青年兴则国家兴，青年强则国家强，青年一代有理想、有本领、有担当，国家就有前途，民族就有希望。中华民族伟大复兴的中国梦终将在一代代青年的接力奋斗中变为现实。新时代，为我们青年一代提供了广阔的发展平台，但是我们也清醒地认识到：新时代机遇和挑战并存。这是一个变幻难测的世纪，也是一个催人奋进的时代。科学技术飞速发展，知识更新日新月异。希望、困惑、机遇、挑战，随时随地都有可能出现在每一个社会成员的生活之中。作为青年一代，大学生理应抓住机遇、寻求发展、迎接挑战，发扬刚健有为、自强不息的奋斗精神。刚健有为、自强不息的奋斗精神是人类最可贵的价值品质，是一种乐观向上、积极进取的精神状态。特别是人生遭受挫折之后，身处逆境，更需要铸造平和稳定、积极向上的健康心态。在经历挫折之后，身处逆境，要培养出一种直面现实的奋发向上、积极进取的良好心理素质。刚健有为、自强不息是一种奋发图强、艰苦奋斗的创业精神。这也是中华民族文明创造精神的强有力的依托支柱。作为新时代的热血青年，我们大学生要自觉发扬刚健有为、自强不息的奋斗精神，同时培养“苟利国家生死以，岂因祸福避趋之”的家国情怀，自觉把个人的理想与祖国的前途、个人的价值实现与祖国的发展紧密联系起来，马不扬鞭自奋蹄，真正做到祖国有号召、人民有需要，我们就有行动！

第四章
高校思政教育的文化自觉与文化载体有效建设

第一节　高校思想政治教育的文化自觉

一、中国文化自觉的意蕴解读

（一）中国文化自觉的原生性意蕴

对于文化自觉的分析，应在启动论域时就明确其直接关联的时空方位。

其实，从“文化自觉”一词提出的情况看，它是具有特定时空方位的。我们知道，“文化自觉”是我国著名社会学家、人类学家，北京大学教授，中国民主同盟领导人费孝通先生提出的概念。他明确指出：“‘文化自觉’这个概念可以从小见大，从人口较少的民族看到中华民族以至全人类的共同问题。其意义在于生活在一定文化中的人对其文化有‘自知之明’，明白它的来历、形成的过程，所具有的特色和它的发展的趋向，自知之明是为了加强对文化转型的自主能力，取得决定适应新环境、新时代文化选择的自主地位。”可见，费孝通先生的“文化自觉”来自特定时空条件下的现实诉求。

自费孝通先生提出“文化自觉”这样一个命题之后，晚年，一直重视对此命题的研究，国内其他学者也在此基础上进行了深入的探讨，使“文化自觉”成为备受关注的热点学术话题，从目前已取得的研究成果来看，基本上还在费孝通思想的总体框架下进行探索。其实，这也与当今时代国际文化大背景相关：一方面，任何文化形态、任何民族文化都有自身生存的尊严，文化霸权主义、文化中心主义受到了怀疑、反思和批判；另一方面，多元文化碰撞、交流、融合成为一种新的文化趋向，对自身文化的自信，对他者文化的尊重，对多元文化的理智，已成为现时代文化自觉的重要内容。归纳起来，针对这种大文化时空背景，对于文化自觉的界定涉及以下三个层次的意蕴：第一层，在追求现代的发展中，要充分认识本民族传统文化中对现代生存有重要精神价值的内容，自觉对待民族文化中具有普适性意义的部分，并让其在新的时空条件下得到发扬光大；第二层，注重理解和诠释他者文化的经验和长处，并能够针对社会实践需要，博采众长，自觉吸收他者文化中的精华，运用到自身文化建设中来，在多元文化中自觉交流、吸收和整合，增强文化力量，形成一种人类和谐的文化理念；第三层，在分析、比较、鉴别、吸取和整合传统文化、外来文化中，自觉实现文化创新。已有的丰富文化资源是文化创新的基础，文化创新是文化发展的前提。

（二）中国文化自觉的辩证性释义

解读中国“文化自觉”，可以从当代中国所处的历史文化境遇汲取现实滋养，使“文化自觉”具有扎实的社会实践解释力，那么从哲学高度认知“文化自觉”的内在机理，则可以使“文化自觉”获得深层的理性架构，有助于增强研究的自觉性和严谨性，从而自觉地审理理论解释与时代事实之间的逻辑关系。社会实践的矛盾性和思维逻辑的辩证性决定了文化自觉的内在结构具有辩证性特质。

（三）中国文化自觉的意义性解读

从理论上进一步搞清一些问题，如个人与文化的关系、文化的社会性和历史性问题等，以利于推动中西文化比较研究的深入。这样才可以把我们文化里边好的东西提炼出来，应用到现实中去，在与西方世界交流过程中，充分展示中华文化最有价值的方面，变成世界的。对于东西方文化自觉的更重要意义在于使中华文化现代化，汲取传统文化精髓，借鉴西方文化经验，不断整合创新，推动文化发展，为全人类做出贡献。把我们文化中好的东西讲清楚，使其变成世界性的东西。首先是本土化，然后是全球化。我们一方面要承认我们中国文化里边有好东西，进一步用现代科学的方法研究我们的历史，以完成我们“文化自觉”的使命，努力创造现代的中华文化；另一方面要了解和认识他人的文化，学会解决处理不同文化接触的问题，为全人类的明天做出贡献。可见，“文化自觉”具有深远的现实意义。

二、中国文化自觉的内在逻辑

（一）传统与现代：中国文化自觉的时空逻辑

文化自觉在学理逻辑上重要的内容是指对民族文化的自觉。我国著名社会学家、人类学家费孝通先生所指出的“文化自觉”是有深层的价值指向和思想渊源的。一是着眼于民族性的生存和发展这个价值前提；二是文化自觉的核心内容是对自身的认知和理性把握；三是文化自觉的主要功能是保存自身文化，发挥原有文化特长，实现文化转型；四是文化自觉的终极目标是追求“和而不同”的、多元共生的美好世界。在这里更多强调了文化自觉的自主能力，也就是说能够实现“文化自觉”，达到“文化自觉”应追求的目标。从中可以看出，对文化的自觉是主体性的行为，既是人的能动的、有意识的选择，又是人的理性的、超越性的实践活动。中国人民在中国共产党的领导下建设面向现代化的社会主义文化，重要的责任就是担当传承中华文明的使命。特别是在国际文化交流中，中华文化如何从东西方文化的比较中既看到自己的优长，又知晓存在的“危机”，如何发展并对人类文化有所贡献等方面成为建设现代化的内在应有之义之后，“新时期应坚持什么样的文化认识论的重大理论问题”，成为当下学术热点。“文化自觉”也引起了当前学术界、文化界的积极思考，并针对经济全球化中的国际文化交流和民族文化发展提出了一些有价值的观点。

显然，在学理上，“文化自觉”问题之所以是问题，并且能够进入我们的学术视野，不仅缘于“问题”是“时代的谜语”，还缘于理论的实践使命，这是众多学者所推崇的研究的现实价值。在这个意义上，我们一定要坚持社会主义先进文化前进方向，树立高度的文化自觉和文化自信，再次提出“文化自觉”，文化自觉与中国实际相关联，其内在的时空逻辑在于：一是属于“中国问题”的范畴，二是来源历史维度的视野，三是参照现代文明的坐标。可见，蕴含在“文化自觉”中的重要指向，是对民族性和传统性的认知和超越，而这些之所以成为认知和超越的对象，关键在于“面向现代化”。现代化使“文化自觉”获得了特定的规定性，这是中国的独特标签。并且“文化自觉”的迫切性，正是源于中国处于向现代化迈进的征途中，传统与现代成为“文化自觉”历史方位的基本规定性。近现代以来，现代文明是中国最重要的文化追求，因而也就有了关于自身文化的“传统”及相关逻辑判断和思维。这就是“中国问题”的时空逻辑。

（二）自我与他者：中国文化自觉的主体逻辑

只要我们把文化建设放在世界发展大背景下来审视和推进，牢牢把握世界发展大势，不断展示新优势、创造新天地，就一定能够使中国文化产生更为广泛的影响，为世界文化发展做出自己的贡献。显然，面向世界不仅是一个民族文化生存、发展的内在要求，更是一个民族在新的历史意义上对人类做出贡献的文化使命。中国共产党具有强烈的文化担当和追求的自觉意识，其文化自觉的主体逻辑呈现为：带领人民所进行的文化建设是在高度自觉上的主体意识和主体力量，是主体在文化认识上的新飞跃及在目标上的引领。

在学理上，“文化自觉”实质上是文化主体的行为，也就是生存在一定文化时空中的人，能动地对其文化有较明确的理性认识和深度把握。在适应新的历史发展要求中，以一种文化主体意识进行深层思考。在文化选择、文化批判、文化反思、文化创造和超越中实现对文化发展的自觉践行和主动追求。在中国历史上，文化主体的自我意识，并不是一直都表现为一种状态。中华文化在古老的辉煌中，曾是璀璨的明珠，使周边的文化样态黯然失色，形成了对其他文化有较大影响力的生存优势。“中央大国”、民族强国的文化心态积淀成文化主体的心理定式，文化主体的自我是居高临下、傲视群雄的中心型和自大型。与他者的关联性不强，因为他者是弱小的，不足以让自我倾注，他者是可以忽略、可有可无的。所以，这种自觉状态下的主体还不是成熟主体。自我与他者的界线并不是很突出，因为他者是一种跟随式的存在。更何况中华古老文化中，对人世的独特体认，道家老子强调“天人合德”“天地相合，以降甘露”“天人合一”的和谐精神。

但是，到了近现代，情况就发生了巨大变化，封闭式自循环的文化样式，被异种的、新奇的、可谓强大的文化样式冲击了，这就是后来对我们产生影响的西方文化。西方文化一开始就以不可一世的力量闯入了我们的世界。在这个过程中，中华文化也有来自自身尊严的抗争。但是在中国的历史上，只有中国共产党做出了最重要的文化选择，就是在马克思主义理论指导下选择了现代化这一重要目标，并且中国共产党人在文化自觉的前提下正在探索中国式的现代化。

当然，马克思主义的辩证法思想一直是中国共产党人自觉的方法论，在中国现代化建设中，尤其对外往来中，我们党始终坚持“和谐社会”的价值理念。在与世界的多样文化往来中形成开放的文化胸襟，用包容的心态去面对他者文化；在和谐相处中，取长补短，博采众长，多交流、多对话，共同发展和繁荣。

（三）坚守与创新：中国文化自觉的发展逻辑

文化自觉应以能面向社会实践为向度。社会实践对于文化自觉的当代主旨和内涵建构具有一种不言而喻的前提基础和参照系数的认识论意义。社会实践的深层功效不仅是理性认知、反思、批判、选择和创新的根源性逻辑，还是把握并切中现实性生活合法性的唯一尺度。只有社会实践才在传统和现代、文本和现实、自我与他者、中国与他国、坚守和创新之间架起一座桥梁，让传统和文本能够开启在当代社会生活的实际意义，并在对中国的重大课题和时代课题的求解中诞生新的发展：一是切实立足于当代人类实践和中国社会主义建设的实践，走进当代世界的政治、经济、文化生活，把握人类生活出现的许多新特征。对现时代的经济全球化、政治多极化、生存平等化、世界一体化、科技革命化和社会信息化，能够全面介入并活跃于当代实践的现实语境中，从中寻找发展的最新思想资源，唯有张扬一种科学的实践精神并及时地对时代变革的主题自觉契合，使文化自觉成为活生生的理论自觉、民族自觉、群众自觉。二是文化自觉的当代性意义不仅取决于立足社会实践，自觉回应改革开放实践，完成现代化实践所要面临的主题，还要能够从社会实践中发现传统优秀文化的精神脉络，吸收西方文明养分，整合创新发展获得现实基础。而且更在于参与对当代现实的理论塑造并以是否能够自觉向着实践为诠释限度，才能在彰显时代精神中提升其价值。没有精神指引的实践是盲目的，所以文化自觉更为重要的意义在于以思想的方式解答当代课题、实践难题。这就要求文化自觉：一方面，将马克思主义文本做整体性、历史性、实践性建树，为中国实践确立极具启迪的方法论意义；另一方面，将源于对现实的人类生存困境的理论自觉，即社会思潮、哲学思潮进行批判、反思及创造的建构，实现以主题性观念转换对人类存在的关切。当然，在文化自觉中实现文化整合、文化创新，为推进人类生存的历史性实践提供精神导引和理念支撑。

在现实性上还须自觉把握这样四个特点：文化自觉的民族性特征、指向性特征、群众性特征和层次性特征。

三、中国文化自觉的研究定位

（一）中国文化自觉视点的研究理路

可以说，高校思想政治教育研究的学术资源是构筑在以中国思想文化精神为底蕴的马克思主义中国化和现代化实践基础上的。这些资源不仅是影响当代中国社会的历史发展和现实选择的重要方面，更在深层精神气质上影响了教育的文化积淀和学术发展，形成了高校思想政治教育研究的学术发展轨迹，同时也从实践要求、理论特征和思维方式上构成了引导和制约其发展的学术任务、意义和方向。所以，我们说，这表明其研究成果和学术造就是与中国国情、意识形态和时代特征等方面构成的文化状态紧密相关的：一方面，一定时空条件下的文化样式决定了学术研究的主题、范式、路径和话语等选择，是开展研究的重要学术资源；另一方面，研究成果只有深深地凝聚和折射着一个时代文化迫切需要解决的重大理论和实践问题时，才能真正体现和发挥其应有的学术价值。显然，这需要对文化实现双重自觉：一方面，自觉认识、审度、思量时代文化；另一方面，实现对文化精神的深度自觉。近年来，学界兴起了对文化自觉的探讨，无疑是这方面的显现。对文化自觉的关注，是 20 世纪 90 年代以来对中国的现代化实践及改革创新讨论的延续和深化，是对以中国模式、中国精神、中国道路等文化问题为主题在全球化过程中的深刻反思和回应。从总体诉求的学术起点和发展趋势看，在高校思想政治教育研究中并未首先作为学科问题受到关注，而是在最接近社会实践和生活问题的社会学、哲学、文化学等研究领域首先引起关注并引发讨论，后来逐渐被政治学、国家意识形态及教育学等领域重视，党的十七大以后，才被作为研究主题在学术界讨论。

从学理角度看，以文化自觉为主题就是主体能动地、有目的地、有选择地揭示观念、知识、思维、范式等与社会文化的内在关联性、互动性及制约性，既有本土文化与外域文化、传统文化与现代文化，又有普适文化和特殊文化、文化多样与文化统一、主导文化与亚文化等自觉意识、价值判断、理论审度和实践提升，并在此基础上进行知识建构、观念宣解、意识传导、创新探索和模式发展。这里面包含着：一是文化决定、牵动、影响、制约、规定研究的价值取向、思维视界及创新选择和发展趋势，为开启新的内容、新的方法、新的思路、新的阐释提供丰富的思想资源；二是学术研究会以一种深化的认识揭示文化内在的精神实质，通过强调、构成应对思想变革、文化创新、实践拓展等方面的思维能力、理论论域、逻辑框架乃至信念基础，夯实现代文化的价值指向。

作为一个拓展的研究视域，“文化自觉”视点是以“创新”为总体逻辑的内在要求，它关乎理论和实践的新诉求和重构整合性，在学理上要有四个坐标点及与此相关的研究理路：在研究的思想资源上，以时代文化精神的自觉作为在马克思主义理论、中国传统文化、社会发展思潮中找到的会通点，着力在文化视野中实现马克思主义和中国现实道路相结合，从而明确马克思主义中国化、具体化、文化化的研究点，并在思想文化精神的会通点上对中国问题、中国认识、中国发展予以关注和回应，使研究扎根在时代精神之中。就高校思想政治教育而言，也是以“创新”为实践诉求的发展，从创新的理性框架来推进其整体价值的深化和意义上的提升，无疑是由时代的客观要求和自身发展所决定的。因此，在学理上，要求实现知识视域与问题视域的实践整合，厘清高校思想政治教育的文化特征和基本内涵，并把它置于中国文化和西方现代文化精神的互动与融合视界之中加以审视，实现拓展现实研究的时代视野，开辟新的理论论域，唯有带着当代文化的自觉意识真正开展切身性考察，才能破除各种固有思路的钳制，彰显社会发展的本真精神和现代价值，在当代社会实践基础上打通知识视域与问题视域的学术壁垒，实现历史性与现实性、学术性与思想性、本真性与自主性、公共性与个体性等诸多向度的模式的自觉契合，完成并向着人类实践积极筹划，确立一种自觉回应时代需要的研究向度，并及时地对时代变革的主题发言，找到实现创新和发展的根本路径，其学术价值和应用价值得以整体性地自我融贯。从总体性角度看，高校思想政治教育中的理论问题和实践问题很多都是现实问题，其学术方向和立场上的任何变动都会在文化整体中获得它们的意义和价值，这种以理性的自觉形态体现了时代文化的主题精神诉求，在效应上亦将是革命性的。所以，以文化的形式有条件地打破原有学理的局限，深触到文化本身，这意味着自身形态的转换，它不仅转换了自身的某种存在方式，所提出的问题也扩大了创新的视野，为自身发展开辟了新的问题域，提供了一种分析和解决问题的新的思想境界和思维方式。在这种意义上，许多传统的问题都可能在一种新的坐标系中得到全新的阐释，从而完成整体性理想观照下的跃进。

（二）中国文化自觉问题的研究关注

进入 21 世纪，在全球化的现代性议题、社会思想的文化性启示与价值观念的“多元化”交织已成为显性现实的大背景中，中国已经形成了自己的特色、风格、品质以及民族新的生活样态、新的精神气质的锻造、理想境界的追求与和谐信念的养成的文化风貌而屹立于世。离开具体的、丰厚的、现实的、生动的文化样态和文化意识，文化研究会因缺少现实的主题而偏离时代精神，会因缺少多姿的实践而枯竭思想资源，也会因缺少自觉的反思而僵化学术视域。对高校思想政治教育及研究而言，其具有内在的规定性，即它是教育工作者根据一定社会的教育要求和大学生思想政治品德形成的规律，运用系列教育手段，对其有目的地施加教育影响，并通过大学生心理内部矛盾，激发已有文化知识背景，而使其养成一定的社会思想品德，也就是把一定的社会思想准则和道德规范转化为大学生个人的思想品德，从而使社会意识向学生个体意识转化。很显然，这个过程及对这个过程的研究都是与文化直接相连的，实质上也就是文化的过程和显现。尤其是，这个过程所传输的政治法律意识、社会道德观念、宗教艺术思想等意识形态是文化的重要内容。高校思想政治教育就是对意识形态进行阐释、讲解和传播的，其作用力显现为对人类思想的启迪、反思等过程，是文化知识和文化精神的传递。所以，我们说它内在地规定了与文化的相通性，而与此相关的研究活动也必须以对文化的自觉为前提和根本，这样才能彰显时代精神，才能在揭示社会实践的品质中获得活力。

虽然从本质上讲，高校思想政治教育与文化之间具有内在的关联性，但是文化及文化自觉作为一个引入性并且具有重要理论指向和实践意义的主题性学术内容，并不是一开始就受到关注。从总体性角度看，关于文化的实际研究，也是始于西方启蒙之后的现代性反思和批判之中。而作为学术视点的研究方法引入中国则可以追溯到 20 世纪 90 年代中期，在我国推进的典型路径是从对西方学者的概念界定、理论引介与研究等工作开始，尤其是中国实施现代化建设之后，在繁荣和发展之中，人们越来越关注由此而生的社会问题，“中国化”研究现状使文化的重要性凸显。从公开发表的论文和专著来看，“全球化”文化、多元文化、民族文化、文化认同、“文化、交往和公共性”、生态文化、大众文化、文化自觉、文化转型等都成为热议的主题，研究领域广涉文学、社会学、哲学、政治学、经济学等专业，无论是研究视域、方法还是取向，都有极大的丰富性、开放性、广泛性。而在高校思想政治教育的研究领域关注文化及文化自觉，并对其进行学科研究尚未清晰，尚处在寻索主题话语、划定言说论域、审度前提追问、明确论证立场等阶段，还没形成学术研究应有的判断模式、体系辐射和回应能力。如果对研究状况进行确定性描述，我们需要以“大学生思想政治教育”“高校德育”“大学生思想政治教育与文化”“高校思想政治教育的文化自觉”“德育文化”等为核心词，一方面，以传统阅读方式采集资料，主要有图书阅购、网上订购和书店选购及专刊追踪；另一方面，以目前世界上最大的连续动态更新的中国期刊全文数据库（CNKI）为检索工具。

（三）中国文化自觉路向的研究定位

以实践自觉为基础、以理论自觉为内核、以思维自觉为逻辑构成文化自觉的总体框架。其中实践自觉就是以社会发展的实践活动为文化基础，自觉体现时代的精神原则，如现时代中国最伟大的实践活动就是改革，改革最重要的思想原则就是解放思想、实事求是。因此，自觉坚持这个思想原则，是在研究中克服时间距离的障碍，克服历史的局限性，让历史性的思想进入当代生活，围绕着当代社会发展面临的新问题，自觉进入当代的视域，在对现实关怀的渴求中，自觉把握时代精神的“主旋律”，这是文化自觉的现实基础。理论自觉就是以思想、知识、价值、体系反映、浓缩和提炼实践，并代表时代精神的理论自觉，是文化的内核，包括有三个硬要求：一是意识形态的硬要求。意识形态是文化最本质的属性之一，是文化决定社会一些根本问题的立场、价值、原则。就中国而言，社会主义核心价值体系是当前乃至今后文化最核心的要求。二是民族精神的硬要求。文化的根脉在于一个社会和国家的民族精神，同时文化也是每个民族和社会的精神财富与生命体现。三是人民大众的硬要求。人民大众是任何文化的主体和基石。理论只有被人民所掌握，才会变成改变现实的自觉力量。因此理论自觉的主体应该是人民大众，人民大众的理论自觉则是文化自觉的最重要部分。思维自觉就是以理性思维，运用辩证逻辑揭示文化世界、描述文化世界、把握文化世界，完成对文化的深刻觉知，这是文化自觉最必要的逻辑。思维自觉蕴含着双重维度：反思性与超越性、求实性与理想性、现实性与发展性、特殊性与普遍性、价值性与审美性、民族性与全球性，这就要求对文化的自觉皆以辩证逻辑来实现。思维自觉实质上就是思维方式的自觉，是自觉经过有目的的实践，选择、运用某种行动原则、规范和方法，能体现一套话语体系、问题模式和解决方式。这是文化得以自觉最关键的部分。现代是以科学思维方式、价值思维方式、辩证思维方式直通文化，呈现文化。只有自觉的科学思维方式、价值思维方式、辩证思维方式才能以最理性的逻辑表达现时代文化。

文化自觉的总体性框架内在决定了文化自觉的路向主要是实践路向、理论路向和思维路向，是以实践、理论、思维的方式承载、表达、实现文化自觉，是文化自觉最为本质、深刻和直接的通路。什么时候我们能够在实践中自觉认识、选择、践行时代要求，什么时候我们能够以理论的自觉表达、阐释、提炼时代精神，什么时候我们能够用思维的自觉揭示、解决、升华时代指向，我们就能够贴近生活、贴近时代和贴近文化了。

不难看出，高校思想政治教育及研究与社会生活的变化、现实的新鲜空气、丰厚的历史思想具有深层的关联性，是会通社会文化的。如果不将文化自觉简单地视为一种抽象空洞的总体性建构和地方知识体系叙事，我们就会以融通了时代气息的文化超越由学科的“内在视野”所形成的思维框架与知识体制事实的潜在制约，使得问题的讨论与视域的开启总是在现时代的文化中展开。这种研究的突出特点是注重研究人类文化的精神及指向，并从中寻找学科的理论和实践的生长点，凸显思想作为思想对象的存在的新方式。在汲取现代文化积极成果的基础上，揭示中国思想政治文化的现时选择价值，以及深化对构成思想的基本信念、基本观念、基本价值、基本方式和基本逻辑的前提审视和逻辑设定。尝试在空间上将地方、中国、世界的文化经验整合到一种关于学科与课题的叙事结构，尝试突破抽象的意识形态的政治的框架而构建一种蕴含活生生的社会文化与日常生活实践的别样知识的得到重新理解的叙事，不同程度打破社会科学知识分类体制，在试图激活文化事实与学科经验、知识范畴的努力中重建学院知识体系，力图在沟通传统与现代、理论与实践、知识与生活、政治与文化的同时，将高校思想政治教育的思想观念、价值体系、思维框架转化为一种新的文化结构，让其重新成为介入性的思想、信念与理论实践，是研究重新建立思想与社会互动的路径，是基本理论知识前提得到了自觉的回应社会问题的努力。

第二节　高校思想政治教育的文化载体有效建设

一、提高对高校思想政治教育文化载体建设的认识

高校思想政治教育文化载体建设是一项系统工程，教育主管部门、学校党政领导部门、学校全体师生都必须高度重视文化载体建设。

（一）高度重视文化载体建设

教育主管部门要从制度制定、经费投入、学校的评估要求等层面上强化高校思想政治教育文化载体建设，将文化载体建设的投入、水平、效果纳入高校评估考核的指标中。高校要从坚持社会主义办学方向的高度，充分认识到加强文化载体建设的重要性，将文化载体的建设列入工作议程，列入学校改革发展的总体规划。高校党委宣传部应把握文化载体建设的方向，做好全面协调工作。学工部、教务处、校办、工会、团委、学生会等要将文化载体建设纳入重要工作内容的范围，明确责任，分工合作。如党委宣传部负责提出活动方案，校办负责活动场所的协调，财务处负责经费的管理使用，一同举办大型的宣传教育活动。另外，还需要成立专门的文化载体建设指导委员会，委员会负责制订工作规划，开展研究，实施管理和控制全校各级各类文化载体建设的活动。

（二）树立校园文化全员参与共建意识

文化载体建设不是光靠学校某个部门就能建好的，也不是仅凭学生管理和学生教育就能达到效果的。高校必须树立校园文化全员参与共建的意识。全校师生只有充分地认识到自己在校园文化建设中的职责，才能建设好校园文化载体。

（三）处理好教学工作与文化载体建设的关系

文化载体建设要科学安排，使其与教学工作相适应，实现优势互补。要在内容、时间、形式上精心设计，努力使文化载体建设与学校的教学中心工作协调统一，不能喧宾夺主，更不能冲击教学工作。

二、健全高校思想政治教育文化载体建设的保障机制

（一）组织保障

坚持党的领导是高校思想政治教育文化载体建设的组织保障。中国共产党是以马克思主义理论为指导，为广大人民群众利益服务，是世界上最先进的无产阶级政党，是建设中国特色社会主义事业的领导力量。在高校思想政治教育文化载体中坚持党的领导凸显了党在思想政治教育中的领导地位，为高校思想政治教育文化载体建设提供了坚强的组织保障。实现高校思想政治教育文化载体建设的组织保障要做到以下几点：

首先，坚持党的领导，就要坚持思想政治教育文化载体建设的社会主义方向，不断地

提升高校思想政治教育文化载体的舆论引导力。

其次，坚持党的领导，就要增强高校思想政治教育文化载体的服务意识，为构建和谐校园服务，为培养德智体全面发展的学生服务。

最后，坚持党的领导，就要发挥党在思想政治教育文化载体建设中的宏观调控作用，统筹兼顾，协调共进，充分发挥高校思想政治教育文化载体的育人功能。

总之，要求各级党的领导在整体性原则指导下，统筹安排学校各部门的思想政治教育文化载体的建设工作，形成思想政治教育的合力。

（二）物质保障

物质保障主要是指资金投入。高校思想政治教育是特殊的生产活动，与其他一切生产活动、经济活动一样，要想有好的产出，就必须注重投入。资金投入是实现高校思想政治教育文化载体建设的物质保障。增加资金投入，不仅是高等教育自身发展的需要，是设计、开发、利用思想政治教育文化载体，还是增强思想政治教育实效性的需要。就现实情况来看，确保资金投入主要应做好三方面的工作：一是设立高校思想政治教育特别是文化载体建设的专项基金、拨出专款，增加设备，给予人力、物力上的支持。合理确定思想政治教育文化载体建设项目的经费投入，并随着经济的发展而逐年增加；二是适应社会主义市场经济的发展，建立开放式的筹集资金的渠道，发动群众性的出资和捐助活动，解决经费不足的问题；三是规范资金管理制度，加强资金监管，对资金实行专款专用，严格管理。

（三）环境保障

高校思想政治教育文化载体能否顺利运行并取得最佳效果，不仅取决于文化载体内在要素功能的发挥，还取决于文化载体与外部环境的协调程度，取决于文化载体能否在环境发展中与时俱进。这里的环境主要指道德环境和舆论环境。

道德环境是一种无形的教育力量。良好的道德环境会促使道德潜能的发挥，提升人的思想道德素质。优化道德环境，首先要坚持正确的道德价值取向，发挥道德的凝聚力；其次要完善抑恶扬善的机制，做到赏罚分明。

舆论环境是社会舆论作用形成的精神氛围。优化舆论环境是建设高校思想政治教育文化载体的必然前提。优化舆论环境，一是要加大正面舆论的宣传力度，创设正面舆论环境；二是要坚决同负面舆论做斗争。

（四）队伍保障

在思想政治教育过程中，思想政治教育者是思想政治教育文化载体的设计、开发与运用的主体，在思想政治教育文化载体实践中发挥主体作用。因此，思想政治教育者的主体素质及其队伍建设状况是影响思想政治教育文化载体有效性的主要因素，是高校思想政治教育文化载体建设的队伍保障。

首先，要求高校思想政治教育者具备较强的主体意识。主体意识包括思想政治教育者对其自身在整个思想政治教育文化载体实践中所具有的主体地位、主导作用和所担负的具体使命的认知。

其次，要求高校思想政治教育者具备较高的主体素质。主体素质是思想政治教育者为有效实现自己所担负的主体性功能所具备的一系列条件的总和。

最后，要建立一支职业化、专业化的高素质思想政治教育者队伍。思想政治教育者作为施教主体是思想政治教育文化载体的设计者和运用者，教育者主体素质制约着思想政治教育文化载体功能的发挥。因此，思想政治教育工作者队伍建设对高校思想政治教育文化载体建设具有重要的作用。思想政治教育工作者队伍的职业化要求思想政治教育工作者树立良好的职业形象，具备崇高的职业理想，同时掌握过硬的职业技能。思想政治教育工作者队伍的专业化要求思想政治教育工作者以专职人员为主干，具备相关的专业知识和工作能力。

（五）制度保障

“没有规矩，不成方圆”，高校思想政治教育文化载体建设需要制度保障。

一方面，建立多层次的文化载体建设的制度体系。一是建议教育部提请立法机关制定和完善校园文化的法规，使文化载体建设得到法律的保障；二是各级教育主管部门指定和完善文化载体建设的具体政策规定；三是学校根据本校的实际情况，对现有文化载体建设的规章制度进行修改和完善。另一方面，重视各项规章制度的有效实施。为了落实已有的制度，学校需要完善各类工作机制，如调查反馈机制、管理控制机制、师生互动机制等。

三、促进高校思想政治教育文化载体群的协调发展

（一）增强物质文化载体建设的力度，实现高校思想政治教育文化载体的硬件保证

物质文化载体建设是高校校园文化建设的重要组成部分，是推进高校文化载体建设的

必要前提。校园物质文化载体建设主要是在校园物质文化建设中挖掘思想政治教育因素或将思想政治教育内容寓于校园物质文化产品之中。物质环境是文化载体的“硬件”，整洁有序的硬件环境可以增强高校师生的自豪感和归属感，提高学习和工作效率，促进高校思想政治教育效果的实现。校园物质文化载体建设应与学校发展的历史、所处地域的特点、学校的管理理念和人才培养目标相结合，坚持以学生为主体，营造和谐、有特色的校园物质环境。增强物质文化载体建设的力度可以从以下几方面入手：

1. 加强基础文化设施建设

基础文化设施建设是文化载体建设的物质基础。高校要从自身的办学实际和培养目标出发，将校园文化设施建设纳入学校总体规划之中。一要改善食堂、宿舍、体育馆、展览馆、艺术馆等环境，条件具备的高校还可建立集学术性、艺术性、服务性于一身的活动中心和文化场所；二要加强网络、广播、校报、宣传栏等媒体传播设施体系的建设。

2. 建设美好的校园环境，创建有学校特色的校园景观

优美典雅的和谐校园环境如化雨之春风，浸润万物而悄然无声，花草树木、砖瓦墙垣都是教育人的工具，包括橱窗、墙壁、走廊、草坪、雕塑和喷泉。高校的整体环境应该是“生动的”“活灵活现的”，从而使文化信息弥漫在校园内外，执行其环境的育人功能。如清华大学校园中绿树成荫，有“水木清华”之美誉；北京大学未名湖畔古塔旁的林荫小道，种植各种各样多年生的名木，漫步其中，油然而生“十年树木，百年树人”的感慨。因此，高校在进行校园建设整体布局的规划设计时，应结合学校办学历史和办学特色，将校园打造为集独特性、文化性、艺术性于一身的殿堂，从而产生愉悦、和谐的氛围。重点是要做好人文景观的规划，把校徽、校训、励志警言、名人名言等文化表现物的功用发挥到最大限度，以达到实用功能、教育功能、审美功能的有机融合。

（二）完善制度文化载体建设，确立高校思想政治教育文化载体的取向

制度文化载体是高校在法规、行政、课程、道德层面建立起来的折射大学精神和价值观念、办学理念的法律法规、管理制度、道德约束的总和。制度文化载体是深层的精神文化载体的基础，它不仅能约束师生的言谈举止，保证学校各项工作的顺利开展，还能形成一种特定的文化氛围，起到长效的约束作用。校园制度既要体现“以师生为本”的思想，又要合理合法。制定校园文化制度应当从学校的实际出发，体现学校的集体意志，遵循办学规律和教学管理的实际，便于师生的实际操作。在传统的思想政治教育模式中，制度本身的思想政治教育功能是落在高校思想政治教育工作者视野之外的。高校思想政治教育工

作者往往把已有的制度看作是合理的、公平公正的，即使在执行中发现不合理的地方也认为是教育行政管理部门、教育官员的事情。

（三）强化精神文化载体建设，统摄高校思想政治教育文化载体的核心

1. 加大师德师风建设的力度

教师是学生阅读的道德书籍，必须具备高尚的人格魅力，才能出现亲其师而信其道的局面。知识渊博、敬业爱岗、关心学生应成为高等教师的人格景观和职业操守。尤其是青年教师，他们思维活跃、观念新颖，学生更愿意和他们接近、沟通，因此青年教师的政治思想、道德品质、治学态度、行为习惯等对青年大学生具有重要的影响。教师的道德品质和人格魅力，对学生的影响至关紧要。所以，要把师德师风建设作为重要精神文化载体来抓，以此来促进校风学风建设。师德师风的建设，一要制定和完善教师职业道德的理论培训机制，结合各类现实主题不定期地施以职业道德、职业理想、思想观念、道德品质的教育；二要开展师德问题讨论，借助师德报告会、名师评选、教师风采演讲、“三育人”先进个人评选、执教三十年教师表彰、师德征文活动等多种形式，使师生们受到感染和教育，营造“人人重师德、个个讲师德”的良好氛围。另外，也要倡导教师形成“志存高远、教书育人、严谨笃学、与时俱进”的教风。

2. 突出重点，抓好学风建设

学风是高校学生具备的比较稳定的精神面貌和行为风尚，是通过一定历史时期的积淀和结晶而形成的。各高校要建设“刻苦学习、奋发向上、诚实守信、敢于创新”的良好学风。学风建设需要教、学、管三管齐下，而且必须持之以恒。

学风建设首先要考虑的是，教师如何将学生吸引到课堂上去，这就是“教”的问题。包括加大引进人才的力度，加大对一线教师的业务培训力度，加强开展教师的教学研讨工作。另外，要建立针对教师教学的考核审评制度，对教师的责任心、教学态度、教学水平等进行评价。

抓学风，第二个因素是“学”的问题，也就是学生的学习主动性问题。发动学生学习的主动性，应搞好入学教育并建立奖励制度。为帮助新生尽早适应大学生活，热爱所学专业，应做好新生入学教育工作。如可分三个阶段开展入学教育：第一阶段为“认识大学、热爱专业、端正态度”，第二阶段为“认识自我、关爱自我、明确目标”，第三阶段为“我看大学的方方面面”。教育内容包括“专业动态、前景”“人格倾向和心理调适”“职业生涯规划”“人与社群”等。在奖励制度上，主要抓住奖学金评定和优良学风班级建设

两项工作，努力营造你追我赶的学习氛围。奖学金的评定，可打破以往以班级为单位的平均主义，而以同年级同专业的所有学生为竞争单位，这对于同学们以班级为单位开展学风竞赛大有好处。

在“管”的方面，需要建立以党委、团委、辅导员、学生会、班主任、学生助管、学生党员为主的一支抽查队伍，定期不定期地抽查课堂和宿舍，认真翔实地记录抽查情况并直接与学院、班级和个人的奖惩挂钩。

3. 提炼校园精神

校园精神是引导人、鼓舞人、激励人的一种内在动力，是凝聚人心、鼓舞斗志、催人奋进的一面旗帜，它对大学生的思想政治、道德品质、行为规范产生了深刻影响。校园精神的基本内涵应包括科学精神、求实精神、求真精神、团结精神、竞争精神等。提炼校园精神需要做好以下几方面的工作：

第一，写好校史。校史是记录学校建立发展和变迁过程的文献资料，校史有激发人奋进的作用。

第二，建设校史陈列室或校史馆。校史陈列室或校史馆是缅怀历史、励志育人、繁荣校园文化建设的重要平台。

第三，提炼好校训。如清华大学的校训是“自强不息，厚德载物”，南开大学的校训是“允公允能，日新月异”，北京林业大学的校训是“养青松正气，法竹梅风骨”，吉首大学的校训是“以人名校，以业报国”，这些校训都是校园精神的真实体现。

第四，写好校歌。好的校歌歌词能集中体现学校的办学思想、办学精神和文化内涵，表现学校为了实现远大的目标，勤奋求学、忘我耕耘、不畏艰难、奋然前行的英姿与精神风貌。若曲谱旋律优美感人，富有深情，节奏流畅明快，带有憧憬色彩，则能流露出莘莘学子意气风发、挥斥方遒的激情，体现出师生员工激奋昂扬、朝气蓬勃的气概。

4. 充分挖掘课程文化的思想政治教育因素

课程文化以其特有的视角体现了教育对人类文化的选择。强化精神文化载体建设，需要把含在课程中的价值观念、审美艺术、思维方式和行为规范挖掘出来并加以提升。

一方面，充分挖掘课程中的思想政治教育资源，坚持以人为本。高等学校思想政治理论课承担着对大学生进行系统的马克思主义理论教育的任务，是对大学生进行思想政治教育的主渠道。充分发挥思想政治理论课的作用，用思想武装当代大学生，是党的教育方针的具体体现，是社会主义大学的本质特征，是党和国家事业长远发展的根本保证。

另一方面，将思想政治教育内容贯穿于校本课程的研发和教学之中。将思想政治教育与校本课程相衔接，充分利用高校及高校所在地的人文资源，把弘扬和培育民族精神、社会公德意识、环境保护意识等与高校的教学、文化、品位融合起来，从而增强思想政治教育的实效性。

（四）加强网络文化载体建设，延伸高校思想政治教育文化载体的领域

网络文化是极具时代特征的文化，它不仅改变着师生的学习、工作模式，改变师生的认知方式和途径，还强烈冲击着师生的价值观和思想意识。网络交流的平等性、隐蔽性和虚拟性可以使学生敞开心扉、陈述观点、宣泄情感等。这就给高校思想政治教育工作者提供了良好的交流平台。

首先，要加强网络的通信设施建设。建设网络通信设施，包括网络传输介质如双绞线、光导纤维等，网络连接设备如中继器、网桥等，通过网络通信设施为图书馆、办公室、实验室、教室、学生寝室、教师宿舍连上互联网。

其次，要加强网络文化建设，提升网络文化的品质，建设融思想性、知识性、趣味性、服务性于一体的校园网站。校园网站可设置新闻频道、校园频道、教师频道、学生频道、家长频道、虚拟社区等栏目。尤其要充分利用虚拟社区中的论坛、聊天空间等进行思想政治教育。在负责学生教育的部门如学生工作部（处）、团委、宣传部等的网站中设置专门的思想道德教育、思想政治教育、校园文化活动等专栏。可在思想道德专栏中设置增强团员意识教育、廉洁教育等子栏目。

最后，要加强网络文化的监管。由于网络的虚拟性和匿名性，学生可以通过网络对学校的管理、就业情况、国内外大事提出自己的看法和意见。也有一些学生借机发泄情感，进行人身攻击，或发表言过其实的言论等，这都给和谐校园造成了不利影响。因此，高校要加强网络监管，充分发挥网络文化的正面影响，遏制网络文化的负面影响，用高雅的文化、科学的理论占领思想政治教育的网上阵地。

总之，要高度重视、切实加强网络文化建设和管理，努力构筑功能完备、富有特色的思想政治教育网站，积极开展重大主题宣传、形势政策宣传、先进典型宣传，唱响主旋律，把握网上舆论主导权。

（五）加强校园活动类文化载体建设，巩固高校思想政治教育的活动平台

高校的思想政治教育主要通过学生的活动开展，如认知活动、养成活动、培养活动、训练活动等。只有根据学生的身心特长，寓教育于丰富多彩的文化活动中，才能让学生在活动中求真、求知、求善。校园活动种类繁多、形式多样，主要可分为四类：一是思想道

德类，包括会议报告、座谈讨论、评优评先、社会实践等；二是文化艺术类，包括文艺会演、文艺评论、文艺创作、联欢会等；三是科学知识类，包括诵读演讲征文、学习竞赛、科技实践、读书活动等；四是体育竞技类，包括校运动会、球类比赛、棋牌活动等。加强校园活动类文化载体建设就要有计划、有目的地广泛开展各类活动，巩固思想政治教育的活动平台。加强校园活动类载体建设，更要加强对上述各类活动的管理，通过深入研究、科学立项、认真评审、具体实施，使活动健康有序地进行，使内容广泛的活动满足广大同学的不同需求。

物质文化载体建设、精神文化载体建设、制度文化载体建设等是相互联系、相互渗透的。在文化载体的建设中，应该坚持整体推进、科学规划、统筹安排，实现物质文化载体、制度文化载体、精神文化载体、网络文化载体、活动类文化载体等的协调发展。

四、加强高校思想政治教育管理载体建设

（一）转变管理观念，树立“以学生为本”的教育管理思想

搞好高校思想政治教育管理，最重要的是转变管理理念，树立“以学生为本”的教育管理思想，变管理为服务。

首先，树立服务意识。过去高校非常注重对大学生进行严格规范的管理，思想政治教育各部门都扮演管理者角色，学生是机械被动的被管理者，这往往使学生产生对立抵触情绪。因此，要改变过去传统的“管理学生”的思想，变管理为“服务”。思想政治教育各部门要树立“以学生为本”的服务意识，一切服务于学生全面发展的目标，注重从学生的思想认识和行为动机入手，及时了解学生思想中存在的主要问题、学生普遍关心的问题和学生迫切需要解决的问题，调动其积极性，激发其创造性。

其次，加强对学生的引导。引导学生正确看待思想政治教育管理的重要性和必要性，以及思想政治教育管理方面存在的诸多问题，引导学生变被动接受为主动自觉，把思想政治教育管理变为自己的自觉行为习惯，从而自觉接受教育者的思想政治教育管理，遵守学校的各项规章制度。

（二）发挥学生的主观能动性，变被动管理为自我管理

做好学生思想政治教育管理，要注意调动学生参与管理的热情，不单纯把学生看作思想政治教育管理的客体，让学生积极参与学生管理工作，改变学生在管理中的从属被动地位，以消除大学生对被管理地位的逆反心理，实现大学生的自我管理。以往高校思想政治

教育管理一般实行在校领导的领导下，以辅导员或班主任为中心的绝对管理方式。在这种模式下，高校学生的思想政治教育管理常出现管不到位和管理滞后的现象。针对于此，思想政治教育管理宜推行在校领导指导下，以辅导员或班主任为调节、以学生自治为中心的相对管理方式。在这种方式中，学生既是管理者，又是被管理者。学生在角色转换中可以大大提高自我管理的积极性，特别是增强学生自我约束和自我管理能力，既学到了知识，又学会了做人，学生的主体意识和责任感也会明显增强。

要形成学生的自我管理，必须加强对学生的养成教育。科学规范的高校管理工作直接体现以人为中心，体现高校的人本精神和教书育人目的。它是对大学生说服劝导、沟通交流、情感贴近、习惯养成的过程。在高校思想政治教育管理过程中，要帮助学生理解管理、支持管理、参与管理，保证各项管理制度的落实，最终达到由“他律”向“自律”的转变，实现自我管理。这种管理与教育过程相结合，有利于提升人的素质，理顺人际关系，化解矛盾，营造民主、和谐、积极进取、同心同德的气氛。因此，应积极支持学生参与各种管理活动，逐步提高整个学校的管理水平，使管理走向制度化、规范化、民主化、科学化。

（三）加强高校思想政治教育管理人才队伍的建设

高校思想政治教育管理者的素质直接影响高校思想政治教育管理的水平，切不可忽视高校思想政治教育管理人才队伍的建设。

首先，按照政治强、业务精、纪律严、作风正的要求，提高高校思想政治教育管理者的基本素质。一要政治强。思想政治教育管理者要坚持正确的政治方向，加强思想品德修养，增强社会责任感。在事关政治原则、政治立场和政治方向问题上时刻与党中央保持一致。二要业务精。思想政治教育管理者要有扎实的马克思主义基础理论知识、深厚的专业知识、各种社会科学及自然科学知识，要具备调查观察能力、分析研究能力、决策计划能力、宣传表达能力、组织协调能力、自我控制能力、创新能力、社交能力等多方面的能力。三要纪律严。思想政治教育管理者要严于律己、清正廉洁，自觉遵守学校的规章制度。四要作风正。思想政治教育管理者要大公无私、乐于奉献、爱岗敬业、平等待人、为人师表、率先垂范、艰苦奋斗、团结互助、顾全大局，以良好的思想政治素质和道德风范教育和影响学生。

其次，思想政治教育管理者应具备管理意识和组织管理能力，善于寓教于管。思想政治教育管理者一是要充分认识管理的现实意义，自觉将思想政治教育工作与管理结合起来；二要具备一定的管理意识；三要具备一定的具体业务工作管理能力；四要善于寓教于管，把高校思想政治教育渗透到管理工作各个环节中去，在管理中贯彻思想政治教育意图，掌握在管理中开展思想政治教育的技巧。高校思想政治教育管理载体要求思想政治教育管理者善于利用管理资源，结合管理程序开展思想政治教育，使管理和高校思想政治教育良性互动、共同提高。

最后，提高思想政治教育管理者运用管理载体的自觉性。高校思想政治教育管理者一般具有较高的知识素质和管理素养，这为自觉运用管理载体提供了极为有利的条件。高校思想政治教育管理者要充分利用这一优势，在具体的思想政治教育工作中有意识有目的地使用管理载体，提高运用管理载体的自觉性，克服把高校管理与思想政治教育割裂开来的倾向。思想政治教育管理者应不断组织学习，充分认识管理的现实意义，提高管理意识和对具体思想政治教育工作的组织管理能力，自觉将思想政治教育工作与管理结合起来。

（四）建立健全与高校思想政治教育载体建设配套的管理制度，强化规范化管理

建立健全各项规章制度，将使高校思想政治教育的管理章法有序、奖惩分明，这是进行思想政治教育载体建设的基本保证。因此，应逐步建立健全思想政治教育工作管理制度，把思想政治教育的责任规范化、量化、细化。

首先，建立健全高校思想政治教育规章制度体系。一要建立工作指导性规章制度。如高校思想政治教育的党委分工负责制、高校思想政治教育的布置和检查总结制度、思想动态分析制度、党团组织的思想政治教育制度、思想政治教育工作制度、学生公寓管理制度、网络监控管理制度等。二要建立健全高校思想政治教育自身的建设性制度，即为了激励和约束思想政治教育工作者，保持良好的工作情绪，不断提高工作效率和自身素质而形成的准则制度。如有关组织制度、岗位制度、课程效果的评比制度、工作奖惩制度、培训及考核制度等。三要建立高校思想政治教育性制度，对大学生品行提出规范化要求。如大学生守则、“优秀学生”“优秀团员”“优秀学生干部”等的评选制度、操行考核制度、社团考核及社团定期向批准部门汇报工作的制度、教师担当社团顾问的制度等。高校在制定思想政治教育规章制度时，一定要考虑其适用范围和作用发挥的程度，充分挖掘规章制度本身潜在的激励约束作用。

其次，把各项规章制度落到实处，实现规范化管理。在各项规章制度的实施过程中应注意以下问题：一是及时组织刚入学的新生和刚从事思想政治教育的人员认真学习有关规章制度。不能流于形式，要有严格的考核制度，对考试不及格的要批评教育，限期通过考核。二是运用各种信息传播媒介宣传规章制度，造成有益的舆论氛围，使思想政治教育工

作者和学生真正感到遵守规章制度光荣，违反规章制度可耻。三是采取严格的监督检查措施。只有及时纠正与规章制度相冲突的行为，才能确保规章制度的有效实施。四是要始终坚持贯彻规章制度面前人人平等的原则。只有坚持这一原则办事，才能维护规章制度的严肃性和约束力。五是适当的奖惩手段。一种良好行为习惯的养成单靠严惩或重奖一般是不会成功的。因此，既要重视奖惩手段的作用，又要注意把实施奖惩制度与调动个人内在积极性结合起来。六是注意规章制度在发挥思想政治教育管理的效能上不是万能的，有自身的局限性。要充分地尊重人、关心人，以人为本。否则，规章制度就失去了存在价值，思想政治教育管理也无法落到实处。

第五章 优秀传统文化在高校思政教育中的有效渗透

第一节　中华优秀传统文化在高校思想政治教育中的渗透作用

一、有利于提升高校思想政治教育的育人功能

当代大学生问题的解决需要注入传统文化的因素。当前世界和中国都发生了剧烈的变革，时代的开放性、多元性和市场化对大学生的思想认知产生了强劲影响。

我国高度重视文化因素对思想政治教育的重大作用，曾多次指出中华优秀传统文化是解决大学生思想道德现状需要借助的道德力量。弘扬中华优秀传统文化、继承传统美德是当代大学生思想政治教育的基本内容。现代教育手段结合中华优秀传统文化，通过社会实践活动，发扬中华优秀传统文化。中华优秀传统文化有着深厚的历史内容，对大学生的思想情感具有强烈的渗透性、持久性，能提升大学生的道德素质，塑造优秀的人格，形成正确的人生观，合理解决人际关系及拓展大学生的学术视野。

（一）有助于大学生道德素质的提升

优秀传统文化能够对大学生产生积极、全面的影响，实施大学生思想政治教育的主要目的是形成文化素质、道德素质和健康素质全面发展的综合型人才。大学生的人文素养与思想观念、专业技能及知识结构等都受到思想政治教育的影响，将优秀传统文化中的哲学思想运用到普通知识的学习中，既能优化知识结构，又提高了大学生的综合素养。由于当前社会大学生的意识形态发生了变化，高校的思想政治工作难度也随之增加。

大学时期是价值观、人生观形成的重要时期，高校应结合优秀的传统文化对大学生进行正确适时的引导，促使大学生形成正确的思想观念。

高等教育就是科学精神和人文道德精神的结合，现今社会，功利主义与实用主义日益

膨胀，大学生不能全部追随社会流行，要恪守学术道德和社会道德。高校思想政治教育不仅以其独特的精神品质引领着社会的道德方向，还要以主人翁的姿态主动去改造社会，重塑人们的道德行为，成为社会伦理道德的捍卫者与提升者。

中华优秀传统文化注重对人的道德熏陶与培养，中华优秀传统文化中哲学的内涵，传统文化中的民族气节、诚信、博爱、勤俭、慎独、拼搏精神等，是古人留给我们的一大笔财富。《论语》《易经》《孟子》《古文观止》等都是人文资本的储聚，体现出中华优秀传统文化中丰富的人文道德精神。高校思想政治教育需要大力挖掘中华优秀传统文化中所蕴含的思想道德精神，有利于培养出综合型的高素质人才。

（二）有助于大学生塑造健全的人格

塑造大学生健全的人格就是要培养大学生正确处理人与人、人与社会、人与自然的关系，还包括个人的自我完善，培养出具有健全人格的大学生。健全的人格需要情感、意志、智识三者的有机统一与和谐发展，重视情绪与意志的培养。“士不可以不弘毅，任重而道远”“己欲立而立人，己欲达而达人”“己所不欲，勿施于人”，反映的是人格的健全及人与人的关系。

中国儒家文化追求理想人格、注重个体修养，对于大学生人格完善具有指导价值。“顺之以天理，应之以自然”“天地与我并生，而万物与我为一”的思想是人与自然和谐相处的哲学依据，“先天下之忧而忧，后天下之乐而乐”传达的是人与社会的关系。因此，中华优秀传统文化有助于当代大学生培养出健全的人格，使其正确处理人与人、人与自然、人与社会、人与自我的关系问题。

（三）有助于大学生形成正确的人生观

中华优秀传统文化为大学生树立正确的人生观、价值观提供了方向指导。中华优秀传统文化博大精深，蕴含着大道理、大智慧，重视培养德才兼备、具有“圣人”“君子”品格的人，例如，儒家文化倡导的积极向上的人生观，对为人之道提出了标准——己所不欲，勿施于人。中华优秀传统文化倡导爱国精神、顽强奋斗、自强不息、“天行健，君子以自强不息”“路漫漫其修远兮，吾将上下而求索”等精神内涵，“精卫填海”“夸父逐日”“愚公移山”等故事，主张大学生培养坚韧不拔的毅力，在个人利益与集体利益发生冲突时，要牺牲个人的一些利益。高校作为教育主体要增强中华优秀传统文化教育，汲取有益因子，弘扬传统文化，要以国际视野，为国家的发展、中华民族的伟大复兴献计献策。

（四）有益于大学生合理解决人际关系

中华优秀传统文化包含着中华民族的传统美德，儒家重视“内省”“为己”“成己”“忠恕”“己所不欲，勿施于人”等。这些都是为人处世的方法，它能够指导大学生在交往过程中，注重人际关系的培养，对人要持之以诚，以宽容的态度来处理人际关系。大学生要谦虚谨慎、自检、慎独、负责、忍让、换位思考，发生冲突时要做到“君子和而不同，小人同而不和”。发扬中华民族的传统美德，有助于高校学生完善自身的弱点，从而实现自我和谐与他人和谐的共处模式，促进心理健康发展。

（五）有利于拓展大学生学术视野

高校这个神圣的天地为各类文化知识和思想理论敞开了大门。大学生对精神食粮的需求极高，具有强烈的求知欲，他们期望快速成长，渴望学到新的知识来充实自己的头脑。高校需要适时准确地抓住时机，对大学生实行强有力的系统化的思想意识教育，以防形形色色的易引发高校甚至整个社会不稳定的思潮乘虚而入。

对中华优秀传统文化进行系统研究和学习，能够丰富大学生的思路，使当代大学生不再局限于当下的思想，立足实际并联想古今，不断进取并进行求实创新。中华优秀传统文化益于开阔大学生的眼界胸怀，提升他们的精神境界。

二、有利于中华优秀传统文化的传承和弘扬

（一）有利于传承中华优秀传统文化的精髓

加强中华优秀传统文化教育，能够促进高校大学生多角度、多层次地认识、认同及吸收中华民族优秀传统文化的精髓和历史传统，来自中华优秀传统文化蕴含的“仁义礼智信”的价值观念、“国家兴亡，匹夫有责”的爱国情怀、“修身齐家治国平天下”的人生理想，“民为邦本，民贵君轻”的民本精神、“以和为贵，和而不同”的和谐思想、“天人合一，人与自然和谐共生”的思想、“鞠躬尽瘁，死而后已”的奉献精神、“海纳百川”的广阔胸襟、“有容乃大”的宏伟气魄、“富贵不能淫，贫贱不能移，威武不能屈”的浩然正气、“刚健有为，自强不息”的拼搏精神，这些中华优秀文化精髓在历史的浪潮中被一代代华夏儿女所传承。

1. 有利于传承刚健有为、自强不息的拼搏精神

我国古代名著《周易》提倡“天行健，君子以自强不息”，要求做人要刚健有为，不

停地奋斗进取，奋发图强，不能迷失志向，培养独立的意志、良好的人格品质与为人处世的原则。中华优秀传统文化提倡自强不息的精神，“锲而舍之，朽木不折；锲而不舍，金石可镂”。“天将降大任于斯人也，必先苦其心志，劳其筋骨，饿其体肤，空乏其身，行拂乱其所为，所以动心忍性，曾益其所不能”。

志向是人们自强不息的思想基础，刚健有为、自强不息的精神引导我们在学习、生活和工作中遇到困难时不要轻言放弃，而是持之以恒，使大学生感受传统的自强不息的拼搏精神，完善自身并自发地去传承，使得中华民族璀璨的历史文明重新屹立于世界民族之林。

2. 有利于传承以和为贵、和而不同的和谐思想

中国是四大文明古国之一，有着漫长的历史积淀，在这五千年的历史进程当中，形成了独具特色的中国传统文化。在博大精深的中国传统文化当中，“和”的思想占有重要的位置，可以说“和”是中国历史文化的特征向量。古代和谐思想极为丰富，如大同理想、保家卫国、持中和贵、统筹全局等。早在几千年以前，我们的先辈就主张人与自然和谐共生，而今社会中各种文明的和谐共存，正是中华文明高度发展的表现，显现出中华历史文明的强大。和谐思想影响着当代中国的发展理念，是现代人思想上与行动上的先导。将中华优秀传统文化与高校思想政治教育相结合，能够影响高校大学生的行为思想，有利于提高大学生的民族凝聚力。高校学生是社会未来发展的重要力量，以传统文化融入思想政治教育中去促进大学生产生与和谐思想的共鸣，对和谐思想的传承有重要的促进作用。

3. 有利于传承“国家兴亡，匹夫有责”的爱国情怀

我国博大精深的优秀传统文化中蕴含了许多积极向上的爱国主义精神，“国家兴亡，匹夫有责”，是中华民族历经坎坷而巍然屹立于当今世界的重要原因。爱国主义是一个民族发展的力量支撑，是各民族团结一致的思想来源，正是这种爱国主义思想维护了中华民族的团结，哺育了一大批爱国民族英雄，促进了中华民族几千年的昌盛。这种爱国主义情怀正是中华儿女应该学习和需要具备的品格，赋予新的时代内涵和活力，可以影响新时代下高校学生思想政治教育的发展，能够深远地促进爱国情怀的传承。

4. 有利于传承天人合一的共生思想

中华传统文化重视人与自然的统一。“天人合一，民胞物与”，是由宋代著名的哲学家张载提出的，强调人与自然的融合与统一。“天道”“人道”的和谐统一是“天人合一”的内涵所在，主要提倡人与自然的统一和以“仁爱”为思想基础的人际关系的统一。这与我们倡导的人与自然和谐发展的科学发展观不谋而合。将“天人合一”的共生思想与高校

思想政治教育相结合有利于帮助大学生树立环保思想和集体主义思想，发展大学生思想的同时潜移默化地传承了传统的共生思想。

（二）有利于中华优秀传统文化的弘扬

弘扬中华优秀传统文化是推动具有社会主义鲜明特色的文化发展的必然之路。我们党政治工作的思想来源就是我国优秀的传统文化，继承和弘扬中华优秀传统文化，能够实现社会主义文化的大发展大繁荣。

在我们党革命和建设发展的不同历史时期，我们继承、发扬、丰富、发展了中华优秀传统文化，推动了党和国家各项事业的发展。在教育事业中，以优秀的传统文化为切入点，与高校思想政治教育相结合，培育出适应时代发展的高素质大学生。高校大学生作为社会发展的重要后备军，肩负着推动社会发展的使命，通过对优秀传统文化的学习，准确了解历史的辉煌，明确自身的责任。

三、发展社会主义核心价值观的必然要求

（一）促进社会主义和谐社会的构建

社会主义核心价值观充分反映了当前我国发展的战略，是环绕社会主义的共同理想，是以马克思主义为指导，体现时代精神发展的战略。高校思想政治教育工作，要紧紧按照这一发展战略，依托当代高校完整的教育体系，通过主流文化传播的方式，并在原有的基础上改革创新，围绕社会主义核心价值观来进行。首先，要在高校的教育中体现马克思主义的引导性地位，让学生充分理解马克思主义，使之成为学生在学习和生活中的行为准则。其次，应该在高校教育中开拓创新，创新是一个民族走向富强的必经之路，青年学者的创新就是这个民族复兴的希望与灵魂。高校的思想政治教育应该着眼于培养学生的创新精神，敢于尝试新鲜事物，敢于打破固有模式的枷锁，按照创新精神积极进取，让学生承担起民族复兴的责任，才能充分体现社会主义核心价值观的核心思想，这是发展社会主义核心价值观的必然要求。

（二）有利于加快中华民族复兴之路的步伐

我国丰富的优秀传统文化覆盖面广大，集文学、思想、道德、历史、艺术于一体，影响范围大，能够完善高校大学生的思想。中华优秀传统文化富含浓厚的生命力，能够丰富高校的思想政治教育，使高校思想政治教育重生，达到质的飞跃。弘扬和传播传统文化要

紧密地联系现实生活，每一个人都是弘扬传播文化的主体，传统只有在生活中才能发展，把中华优秀传统文化的研究与培育理想道德、引领文化提升、整合社会力量、凝聚社会共识紧密结合，形成高校学生对中华优秀传统文化的正确认识，促进社会主义核心价值观的践行。面对新形势，传承优秀的历史文化要去粗取精，从高校这块意识形态阵地开始，全面开展教育工作，奠定广大的群众基础，进而科学地影响全民价值观，让中华优秀传统文化成为中华民族凝聚力的来源，鼓舞中华儿女共同推进社会主义进程，这是具有伟大历史意义的活动，是适应新形势、符合新时代要求的创新性发展，将中华优秀传统文化结合新的时代特征去创新发展，与高校思想政治教育相结合，目的就是在中国共产党的领导下，加速实现中华民族伟大复兴的中国梦。

第二节　优秀传统文化在高校思想政治教育中的有效渗透原则

一、继承发展原则

以中华民族优秀道德传统为例，尽管其在两千多年的历史发展过程中受到封建社会的政治和经济制度制约，成为具有鲜明阶级性的维系封建家长制和宗法制的工具，但它也具有民族的共同性。在阶级社会中，由于各阶级生活在同一社会中，彼此之间进行交往，相互联系，这就必然会有一些维持人们之间正常关系，保证社会生产、生活能够正常进行的共同承认的道德准则。因此，不同阶级或对立阶级之间的道德除了对立和差别之外，还有着某些相同或相似之处，这就是道德的共同性。因此，在阶级社会中，道德是阶级性和共同性的统一。

中华优秀传统文化在几千年的发展过程中，形成了独特的风格，面对这些历史上遗留下来的精华，作为时代的先锋，高校应当本着继承发展这一原则，保持中华优秀传统文化的历史延续性。同时，结合时代特征不断加以弘扬及发展。在优秀传统文化与现代社会相结合的过程中，我们必须充分考虑，在优秀传统文化与高校思想政治教育相结合的过程中进行合理的改造，应用优秀传统文化做思想政治教育服务，根据实际发展和创新情况，找出增强思想政治教育工作实效性的有利方面。

二、创新性原则

当代大学生心理相对脆弱，人生观、价值观与世界观还没有形成，辨别是非能力较差，因此高校要有创新性及针对性地进行优秀传统文化教育，教育工作者应辩证地进行优秀传统文化教育，去其糟粕、取其精华，多加鼓舞并正确地引导大学生。

三、渗透性原则

当代大学生正处在中国实行改革开放、建立社会主义市场经济体制、向社会主义现代化迈进的新时期。众所周知，任何一个走向现代化的国家，为了发展本国经济、使自己国家富强起来，都必然面临着一个如何摆正优秀传统文化与现代化、与外来文化之间关系的问题。优秀传统文化所包括的传统伦理道德是在历史发展过程中形成的，并积淀和凝结在民族心理和民族性格中，对现实生活中的人们起着影响和制约作用。每个民族都有与其他民族不同的优秀传统文化，而每个人也都会直接或间接地受到该民族优秀传统文化的哺育和影响。所以，任何迈向现代化的国家、民族，都应当在保存本土文化优秀传统的基础上，吸收其他民族的先进文化成果，融合成为一种充满活力的新文化。

现如今，科学技术不断发展，国家与国家之间的竞争也变得越来越激烈了。一个国家的发展速度，在很大程度上受到该国教育与科技这两大因素的影响与制约。不过在新时期，科学发展呈现出了系统化及集约化的特征，而在教育方面则趋向于国际化。要实现教育的国际化，就必须适当对西方发达国家的教育理念与模式进行相关的借鉴。因为中国的优秀传统文化表现出与时俱进的特征，这样再结合西方的优秀教育理念，二者的有效渗透必将促进我国教育事业迈上一个新台阶，同时使中国的优秀传统文化发展得更加丰富。精神的时代结晶必然会包含那个时代的特征，这也是精神发展中的一个规律，中国的优秀传统文化也不例外。虽然优秀传统文化的文化范畴是定格的，但不同时代的文化则是随着时代的不同而逐渐发生变化的。因此，在对新时期高校大学生进行思想政治教育的时候，一定要坚持渗透性原则，不但要重视中国的国情教育，在借鉴西方先进教育的同时，还要重视中国近代及现代的相关思想政治教育。

四、互补互融性原则

在高校思想政治教育中，优秀传统文化反映的是中国的特色，而马克思主义理论是西方经济革命的产物。优秀传统文化教育和马克思主义理论教育在高校思想政治教育中相辅相成，不仅具有互补性，还具有互融性。在思想政治教育教学过程中所体现的就是历史与现实的结合、东方与西方文化的结合。

五、方向原则

要在大学生思想政治教育过程中潜移默化地融入中华民族优秀文化，必须坚持方向原则。方向原则指的是大学生思想政治教育在传承传统文化过程中必须秉持社会主义和共产主义方向，必须和中国共产党的宗旨相符合。一方面，在传承传统文化的过程中，同时进行形势政策教育；另一方面，结合传统文化也可以对大学生进行志存高远的理想教育，为培养社会主义现代化建设可靠接班人奠定良好的基础。在贯彻实施方向原则的过程中应做到以下三点：

第一，首先对坚持方向原则高度认同。要让所有的思想政治教育工作者统一认识到，只有在大学生思想政治教育过程中传授社会主义和共产主义方向的传统文化，才是正确的思想政治教育。当然，我们在传授知识的过程中要得到学生的理解和支持，使他们明白这样做的原因。

第二，坚持方向原则必须符合科学性。不能将传统文化硬生生地塞进思想政治教育的课堂，这样不容易调动学生学习的积极性。应将优秀的传统文化通过潜移默化的、不知不觉的方式渗透到大学生生活的方方面面，达到润物细无声的效果。

第三，坚持方向原则应一贯到底，有始有终。社会主义社会最终的归宿是要进入共产主义社会，我们在思想政治教育过程中始终不能忽视和回避这点。在大学生思想政治教育及进行传统文化教育过程中，思想政治教育者应帮助大学生树立社会主义和共产主义的坚定信念，使他们在任何时候都不偏离社会主义和共产主义的方向，最终使其内化于心、外化于行。

六、主体原则

主体原则是指作为传统文化融入高校思想政治教育主体的教育者，应将受教育的大学生视为教育主体，充分尊重他们的主体地位，调动他们自我接受传统文化的积极性，实现传统文化融入高校思想政治教育的目标。将外在的传统文化升华为智慧，内化为人格。传统文化融入高校思想政治教育是一项十分重要但又艰巨的任务。大学生一旦形成对传统文化或思想政治教育的错误观念，容易形成思维定式和行为习惯，因此，教育者要帮助大学生自觉接受传统文化，通过情感融化和事理说服点燃其内心对传统文化和素质教育的亲近感。主体原则要求“教是为了不教”，思想政治教育者要大胆引导大学生自主学习传统文化。强调以大学生为主体研习传统文化并不等于放任自流，教育与自我教育历来是彼此促进的。大学生自我研习传统文化是在思想政治教育者的启发下开始的，是按传统文化教育目的进行的，教育者促其培养高度的自尊，推动其积极地进行自我教育，使大学生达至传统文化中的“慎独”境界。

七、辩证原则

博大精深内容丰富的传统文化，是我们中华民族的宝贵财富。在漫长的历史发展中，中国传统文化以其强大的吸收融合能力，海纳各种文化思想，既有积极、进步、革新的一面，又有消极、保守、落后的一面；既有民主性、科学性的精华，又有等级意识、特权意识、官本位等封建糟粕。从总体上说，中国传统文化是大陆民族文化、农业社会文化和宗法制度文化，在文化性质上则主要是农耕文化，对中国古代社会的发展，在思想领域发挥着重要作用。由于时代的局限，传统文化中的某些内容本身具有封建性，体现封建阶级的意志。任何一个国家文化的发展都具有历史继承性，抛弃传统，文化就会失去根基，成为无源之水、无本之木。而其糟粕部分则是历史的惰性、历史的负面，它会阻碍历史的进程。正因为如此，我们应当科学地对待传统文化。因此，对待中国传统文化，我们既要看到其封建性，也要充分认识其在中国封建社会发展过程中的作用，更要看到其在建设社会主义现阶段的重要价值，不失时机地加以转换，彰显出中国传统文化精神在当代大学生思想政治教育中的重要作用。

第三节　优秀传统文化在高校思想政治教育中的有效渗透路径

一、加强中华优秀传统文化的理论研究

要实现中华优秀传统文化在高校思想政治教育中的应用，首先要加强中华优秀传统文化的理论研究，要充分挖掘中华优秀传统文化的应用价值。优秀文化是指能够符合时代要求、能满足最广大人民利益、能推动社会进步的文化。每个时代都有具体的优秀文化的核心。优秀传统文化是指中华几千年传承下来的文化，不只是孔孟等文化，不只停留在古代。中华民族历代勤劳智慧的祖先在生产生活过程中，创造的经典文化，涵盖社会中广泛的角度。各个朝代的先进生产力孕育了属于特定朝代的、时代特色鲜明的物质、精神文化，从广泛基础的民众中来，包括社会各阶层的先进创造者所开创的先进文明。历史浓厚的文化底蕴，不是一朝一夕能够吸收了解的，要进一步深层次地挖掘。在高校思想政治教育工作中，深入探索优秀传统文化的精髓，贯穿到高校思想政治教育中去，把优秀传统文化潜在的无限魅力发挥到极致。

中华优秀传统文化是涵养中华儿女成长的力量支撑，是提高我国文化发展的必然选

择，是中华民族屹立世界之林的法宝。历史悠久的灿烂文化是中华文明高度结晶的呈现，为中国未来的发展之路提供理论指引，如果不能全面了解、不知道从何而来，当然不会了解该往何处去，那么高校思想政治教育就无法充分应用优秀传统文化的精髓。中华民族自古以来就为富强而努力，一个国家要走向繁荣富强，必须实现传统与现代的融合，把优秀传统文化与当前社会主义道路相结合，以民族文化为根本，做坚持面向现代化的高校思想政治教育工作，兼容并蓄，用全球化发展视野去丰富我们的文明成果。优秀传统文化蕴含丰富的资源，值得高校引用，尤其是在当前这种全球化背景下，民族的发展必然要坚持自己的信仰，弘扬自己的文化。高校思想政治教育工作要立足我们浓厚的灿烂文化、我们的精神家园，古为今用，实现生产力的高度发展，充分挖掘优秀传统文化的应用价值，建立好社会主义阵地。

二、加强大学生传统文化教育，增强对优秀传统文化的认知

（一）组织编写大学生优秀传统文化教育读物

中华文化源远流长，凝聚了我们最内在的精神追求，给中华民族的生存和发展提供动力。在当今文化的交流与碰撞中，优秀传统文化支撑着中国巍然屹立于世界，并扬起了一面鲜明的旗帜。然而，一方面，一些高校为了能使学生在激烈的竞争中脱颖而出，逐渐成为培养大学生生存技能的工厂，在教育中注重“专业教育”“科技教育”而忽视人文教育。并且，大学生思想政治教育在实际的实施过程中，与优秀传统文化结合不够紧密甚至与其脱节。另一方面，当代部分大学生在学习中也出现了实用主义的价值倾向，或努力学习外语，或努力通过各种资格证考试，甚少进行优秀传统文化的学习。因此，必须增强大学生对优秀传统文化知识的系统性了解，使大学生对其有一个较为系统的了解和认知。然而，大学与高中相比，学生自主支配的时间增多，学习模式也是以自主学习为主，所以，编写或下发适合大学生的优秀传统文化教育读物就显得尤为必要和重要。

首先，组织专家编写或下发使用适合当代大学生的优秀传统文化读物。

其次，精选或聘请有关学者、专家编撰全面的、具有层次的作品。大学生由于知识背景及专业背景的不同，对优秀传统文化知识的了解深浅不一。因此，国家可以统一组织编写适合不同专业背景的读物。另外，人才大多会聚在大学，因此可以组织专家教授及资深教师，根据大学生的实际情况从已有的书籍中精选出一些深浅不一的优秀传统文化书籍或者文章，编写成系统的、不同层次的读物，对相应水平的学生开展引导。

最后，可以根据地方特点，编写适应大学生发展的优秀传统文化读物。如上海、重

庆、苏州等历史文化名城可以结合当地的历史文化特色，编写适合当地大学生的优秀传统文化知识读本。

（二）在思想政治理论课程体系中，增加优秀传统文化课程

毋庸置疑，在大学生这一群体中，之所以缺失优秀传统文化，在一定程度上是与当代高校中的课程设置密切相关的。大多数学校把公共外语课列为大学生的必修课，而优秀传统文化只是作为选修课甚至没有开设，并没有纳入思想政治理论课的范围。随着全球化的发展，虽然外语作为一门国际语言在国际社会中发挥着越来越大的作用，但它不能替代中华民族的根——优秀传统文化，这不能成为忽视优秀传统文化教育的遁词。当代大学生属于极易接受新鲜事物的群体，只有加强大学生对优秀传统文化的认知，增设优秀传统文化课程并将其纳入思想政治理论课程体系中，才能使大学生更好地了解根深蒂固的本国文化，才能使他们不在中西方文化的激荡中丧失自我本真。

目前，大学思想政治教育理论课主要有“马克思主义基本原理概论”（以下简称“原理”）、“中国近现代史纲要”、“毛泽东思想和中国特色社会主义理论体系概论”（以下简称“概论”）、“思想道德修养与法律基础”（以下简称“基础”）四门。在这四门主要的课程中，涉及的优秀传统文化知识较少或者较为浅显。因此，在大学思想政治理论课程的设置上，可以根据实际情况相应地增加优秀传统文化课，完善思想政治教育课程体系。

首先，开设关于优秀传统文化的通识教育课程。通识教育主要是使学生对不同学科知识有所了解，开阔自己的眼界，从而进行自主独立的思考，将不同的知识融会贯通，最终实现人的自由而全面发展。我们可以通过开设与优秀传统文化相关的课程如国学、中国文化史等类似通识类的课程，为学生讲解中国文化的发展历史，优秀的传统思想观念、价值取向等，使大学生领略中华优秀传统文化的博大精深，进而启发他们的文化认同，增强他们的文化自信及民族自豪感。

其次，开设与主要思想政治理论课相应的优秀传统文化专题课程。与“原理”相对应，我们可以开设“马克思主义的中国优秀传统特色”“中华优秀传统文化中的哲学思维与实事求是”等；与“概论”相对应，我们可以开设“中华优秀传统文化中的马克思主义科学发展观”或“社会主义核心价值观中的优秀传统特色”等；与“基础”相对应，我们可以开设“社会主义法治与传统法治的契合”等。与此同时，我们也可以通过设置与之相对应的实践课程来加深学生对优秀传统文化的情感体验。可以以开设相应的专题讲座及大学实践课程，使他们了解大学生思想政治教育中也应该包含优秀传统文化的内容。

最后，开设关于优秀传统文化的德育课，以供大学生辅修和选修。与优秀传统文化相

关的通识类课程及与高校思想政治理论课相应的专题性讲座主要是通过对知识的传授从而启发大学生的认同感，因此，选修课可以开设历史人物大家谈、古诗词鉴赏等课程。通过讲述历史名人故事或者古诗词鉴赏的方式，挖掘人物故事、古诗词背后的思想政治教育资源，主要是以对人物、诗词的情感体验从而认识到优秀传统文化的精髓，进而培养学生的高尚情操和品德。

（三）在思想政治理论教学过程中，融入优秀传统文化

大学生思想政治教育不仅是培育社会主义“四有”新人的主要途径，同时还肩负着继承和弘扬优秀传统文化的重任。优秀传统文化博大而深邃，蕴藏的思想政治教育资源特别可观。然而，高校在对大学生进行思想政治教育过程中，与优秀传统文化的结合不够紧密，更甚者，还呈现断层的现象。因此，在思想政治教育教学过程中，要以优秀传统文化教育的方式，提升大学生的民族文化认同感，从而提升他们的价值认知。

三、坚持马克思主义的思想引领

马克思主义是辩证唯物主义和历史唯物主义的统一，是在深刻总结历史运动规律的基础上形成的完整的科学思想体系，解释了世界发展的普遍规律，具有世界性。它在与中国发展的客观实际相结合后，更具有鲜明的时代特色和民族特色，是先进的世界观和方法论，是社会主义意识形态根本的指导思想。

马克思主义的先进性和科学性，决定了中国传统文化必须在马克思主义理论的指导下进行自身扬弃，只有这样才能牢牢把握社会主义文化的前进方向。同时，大学生思想政治教育更应该坚持马克思主义的引导，用科学的理论来武装学生的头脑，抵制各种错误、腐朽思想的影响。因此，在将优秀传统文化融入大学生思想政治教育的过程中，我们必须坚持马克思主义的一元指导，将传统文化放到马克思主义的科学理论中进行选择、积累和扬弃，去其糟粕，取其精华，从而将提取出来的与时代精神相符合的价值观，应用到我们的思想政治教育中，避免“全盘西化”或“儒化中国”等错误思潮的影响。在真正使得大学生弘扬和继承老祖宗的优秀精神的同时，又能够用马克思主义的基本观点理论分析问题、解决问题，明辨是非，正确认识社会思想意识中的主流，看清错综复杂社会现象中的本质，抵御西方思想的渗透。

四、完善中华优秀传统文化融入大学生思想政治教育的机制

（一）强化心理价值认同机制

优秀传统文化与大学生思想政治教育融合绝非一朝一夕的事，要使大学生能够完整准确地掌握中华民族精神的内在本质和丰富内容，必须先从价值认同上入手，价值认同机制的建立能保证中华优秀传统文化的持久魅力。

价值观的形成是一个潜移默化的过程，要想建立价值认同机制需要多方力量共同努力、协调发展，对传统文化的价值认同包括两个层次：一方面是高校及教师的认同，另一方面是大学生的认同。

高校是大学生价值观形成的重要外在环境，只有高校重视中华优秀传统文化的教育，才能为大学生学习、接受并传承中华优秀传统文化营造一个良好的氛围。同时，高校对中华优秀传统文化教育的价值认同将在一定程度上促进高校教师对其的价值认同，从而更好地将中华优秀传统文化融入教学实践中。除了高校的价值取向引导作用外，高校教师自身对中华优秀传统文化的价值认同也至关重要，只有发自内心地高度认同，才能巧妙地将其融入思想政治教育中。当然，还需要充分考虑大学生的接受性，要从大学生认知、信念、情感、意志等环节寻求对策，使大学生不仅在理论上接受中华优秀传统文化教育，还能将其融入学习生活中，真正做到入脑、入心。

（二）搭建日常行为践行机制

中华优秀传统文化融入大学生思想政治教育的目标是要加强大学生对优秀传统文化的心理认同，进而能够在生活中自觉践行并发扬中华优秀传统文化，因此，行为践行机制建设十分重要。建立健全践行机制，就是要为大学生创造一个实践平台，使大学生在实践中体验传统文化的魅力并将其外化为自觉行动，要准确把握并深刻理解实践育人的必要性与重要性，引导大学生吸收中国传统文化的精髓，推动高校思想政治教育育人目标的达成。另外，应当有计划、有步骤地开展各类社会实践活动，以内容丰富的活动和新颖活泼的形式激发大学生学习优秀传统文化的热情。不仅要在形式上吸引大学生，还要在内容上启发大学生，使其对实践中遇到的现象有所思、有所想，促进大学生对优秀传统文化的了解和把握。

（三）构建奖惩测评体系机制

对实践成果的检验需要一个衡量指标，建立健全测评奖惩机制，监督实践操作，纠正

实践中出现的偏差。只有这样才能使学生明白什么是正确的、什么是错误的，应该坚持什么、反对什么，使大学生的目标更加明确。因此，要逐步设置科学的评价指标和合理的评价体系，将大学生的思想道德素养情况与学校综合性素质测评结合起来，全面有效地促进融合。

构建奖惩测评体系机制，须注意以下几点：首先，在测评理念上要以人为本，即测评要以提高大学生文化素养、促进大学生对中华优秀传统文化的认同为目标，改变原有的重选拔、重奖惩的测评理念。其次，在测评主体上要多元化，形成学校领导、任课教师、同班同学、家长及学生自身多方位测评的机制。最后，在测评内容上要由表及里，深度测评，不仅要注重理论层面的认知水平，还要注重对行为层面的测评；不仅要注重考试成绩，还要注重平时表现；不仅要注重结果，还要注重对整个过程的科学测评。

（四）完善各项组织保障机制

促进二者的融合不能停留在口头上，必须有相应的人、财、物的投入，以及有力的组织安排，这是确保优秀传统文化与思想政治教育有效融合的基础和前提。因此，组织保障机制的建立至关重要。

首先，要加强对中华优秀传统文化教育队伍的建设，定期对相关工作者进行培训和提高。

其次，要重视学校制度建设，制定和完善促进大学生践行传统文化精神的规章制度，为二者的融合提供制度保障，同时改善校园环境，确立全员育人的育人格局，从环境和管理两方面保证融合有条不紊地开展。

再次，要加大经费投入，尤其是对传统文化教育的投入，同时要合理分配教育经费并监督经费的使用情况，将传统文化教育的专项资金落到实处。

最后，要在学校层面成立专门的分管部门，负责统筹协调相关大学生教育工作的开展，避免出现传统文化活动“一窝蜂”开展的局面。

五、不断加强优秀传统文化融入高校思想政治教育的条件保障

优秀传统文化融入高校思想政治教育是一个综合系统，需要多方面共同合作才能完成。

（一）健全领导机构，完善组织保障

教育部明确要求：教育主管部门要把这项工作作为重要的政治任务，放到十分重要的

位置，以高度的使命感、责任感和紧迫感，切实把这项工作抓紧抓实抓好；要对思想政治理论课的教学、教材编写和师资培训给予有力的指导和支持。各高校及其主管部门要高度重视思想政治理论课的建设，认真解决存在的问题。

抓领导就是要抓好高校各级领导干部的思想政治工作和对他们实际工作的指导和监督。政策确定以后，干部决定一切。各高校党委要定期或不定期召开职能部门领导和系部主任、总支书记专题会议，研究部署优秀传统文化融入高校思想政治教育的任务，解决“融入”中遇到的实际问题。各高校党委和行政主要领导要负责指导与监督，主管学生思想教育工作的副书记和主管教学工作的副校（院）长进行统筹安排和总体协调，宣传部负责具体策划，思想政治理论课教学单位负责承担教学任务，教务处负责教学计划调整和课程安排，学工部、学生处、团委积极协作与配合，各个系部主任和总支书记组织、检查教学中的问题，随时提出有益的建议。通过抓住各级领导做工作，从而形成上下一致、共同努力，不断深化和推进优秀传统文化融入高校思想政治教育的新局面。

领导要带头宣讲，增强示范效应。在当前的高校管理体制下，主要领导的带头示范作用是巨大的，他们的职务、身份和学术地位都会在师生中产生积极的影响。在优秀传统文化融入高校思想政治教育的初始阶段，一批著名大学的主要党政领导都给予了积极支持，并且亲自深入师生当中，参加备课和授课。各高校领导带头开展优秀传统文化融入高校思想政治教育应该有更多的实际表现，应该有更大的作为。

（二）增加经费投入，改善软硬条件

必要的经费投入是搞好优秀传统文化融入高校思想政治教育的物质保证。各高校要切实增加对加强优秀传统文化建设所需人力、物力和财力的投入，投入幅度要随教育事业的发展和教育经费的增长而逐年增加。这些规定，都是切实中肯的，是加强思想政治教育的必需，也是优秀传统文化融入高校思想政治教育的必要条件之一。在对待优秀传统文化融入高校思想政治教育投入问题上，一定要转变两种错误观念：一种错误观念认为，优秀传统文化融入高校思想政治教育就是教师讲，学生听，无须投入；另一种观念认为，优秀传统文化融入高校思想政治教育没有效益，不值得投入。其实这两种观念都是极端错误、极端有害的。优秀传统文化融入高校思想政治教育虽然不像理工科专业教育那样，需要购置大批仪器设备，但是思想政治理论教育需要跟上时代步伐，教师要培训，资料要更新，方法要改革，实践要加强，所有这些活动和措施都需要资金作为保证。更重要的是，优秀传统文化融入高校思想政治教育是一种长期行为，在人生过程中终生发挥作用，尽管优秀传统文化融入高校思想政治教育可能对高校当前没有太大效益，但对于国家、民族来说，是

收益率最大的一项教育投资，是具有最优投资效益的一项教育投资。如果一个大学生没有被教育好，他们将来对社会所造成的危害可能要超过一般人的千百倍。优秀传统文化融入高校思想政治教育是国家行为，是国家意志的表现，无论是从政治角度，还是从经济角度，都更应该受到教育者的高度重视，以实际行动增加投入。

六、优秀传统文化与社会活动相结合，加强大学生思想政治教育

实现优秀传统文化在大学生思想政治教育中的作用，除了要使优秀传统文化与高校教学活动相结合，与校园文化建设相结合，还要与社会活动相结合。

（一）深入挖掘传统节日内涵

中国的传统节日大都来源于农业文明，常与祭祖、祈福等填饱肚子的日子联系在一起。这种历史渊源使得中国的传统节日与西方的节日比起来似乎显得有些“土”，没有西方的节日浪漫。特别是改革开放以来，我国社会主义现代化建设不断深入，城市化水平越来越高，人们的生活水平和品位也越来越高，开始有许多人特别是追求时尚的大学生对传统节日逐渐淡忘。此外，从农村涌入城市的人口越来越多，由农村演变为城市的地方也越来越多，使得大学生特别是对农村不熟悉的大学生，对传统节日的了解越来越少，甚至不知道为什么会有这个节日。

针对此现象，我国政府非常重视传统节日，并将一些传统节日设立为法定假日。但仅仅定为法定假日是远远不够的，很多大学生盼着在这个节日期间可以放假，而不会去探究为什么会放这个假。因而，要想让优秀传统文化在大学生思想政治教育中发挥重要作用，深入挖掘传统节日内涵势在必行。要想让中华民族优秀文化资源具有鲜活的生命力，必须在外在力量的推动基础上，寻找孕育在优秀传统文化内部的驱动力量；将推进国民教育与个人的修养行为相结合，使优秀传统文化的优秀资源找到适合的平台和切入点，发挥其重要作用。通过国民教育可以让优秀民族文化资源拥有的社会价值获得广泛的认可，并成为国家文化价值观的组成部分；而通过个人的修身养性，个人也重视优秀传统文化的内在价值。这就使得中华民族优秀传统文化的因子拥有了进入百姓内心、渗入日常生活的渠道。能在个人心灵生根发芽的文化资源，才是强大的，不会随着时间的推移而消退。因而，中华民族的传统节日作为中华民族优秀传统文化的一部分，除了国家的高度重视外，加强个人对传统节日的认识也格外重要。

“没有传统的民族是没有未来的民族，丢弃了传统的民族是没有前途的民族。”陈竞强调，中国传统节日中包含着重要的人文和历史底蕴，是民族凝聚力和国家凝聚力的重要体

现，是民族文化的重要组成部分，民族文化是一个民族的根。通过深入挖掘传统节日文化内涵，可以深入开展大学生爱国主义教育，使其学会感恩、秉承孝道，从而全面提高大学生的思想道德素质，有助于推动新时期的大学生思想政治教育。同时，还可以使大学生思想政治教育工作更加符合学生发展的需求，贴近实际，增强大学生思想政治教育的实效性。

（二）广泛开展优秀传统文化教育普及活动

广泛开展群众性文化活动。以社区文化、企业文化、村镇文化、校园文化建设为载体，积极搭建公益性文化活动平台，依托重大节庆活动和民族民间文化资源，组织开展群众乐于参与、便于参与的文化活动。深入开展全民阅读、全民健身活动，推动文化科技卫生“三下乡”、科教文体法律卫生“四进社区”、“送欢乐下基层”等活动经常化。支持群众依法兴办文化团体，精心培育植根群众、服务群众的文化载体和文化样式。鼓励文艺工作者、艺术院校学生和热心文化公益事业的各界人士开展文化志愿服务。通过开展优秀传统文化教育普及活动，在整个社会范围内掀起学习传统文化的热潮。人民群众广泛参与，使得优秀传统文化能够得到普及，有利于传承。同时，大学生也有了平台去开展文化志愿服务。大学生是有文化的群体，通过文化志愿服务，不仅锻炼了他们的组织活动能力，更重要的是深化了他们对优秀传统文化的认识，使他们的思想道德修养得以提高。

（三）积极开展有关优秀传统文化的社会实践

社会实践是学生接近社会、提升能力的最好平台。开展优秀传统文化教育也是一样，必须增加有关优秀传统文化的社会实践活动。通过开展这些活动，使大学生切身地感受到中华民族优秀传统文化的内涵和价值。这些活动内容和方式可以多种多样。每年的寒暑假和重大节假日期间，应该是开展优秀传统文化社会实践的重要时间。在这一时间内，应该开展多种多样的社会实践，比如，举办优秀传统文化展览、优秀传统文化知识竞赛，举办以优秀传统文化内容为主题的夏令营活动、文化进社区等社会实践活动等。通过这些实践活动，让优秀传统文化深入大学生的心中，使他们成为优秀传统文化的传播者。

此外，还要认识到社区对优秀传统文化传播的重要性。社区在文化传播中有其自身的优势，比如可以让一些文化素养比较高的退休老教师定期开展优秀传统文化讲座，定期举办有关优秀传统文化的比赛活动，如象棋大赛、书法绘画大赛等。家庭对优秀传统文化的传播也有一定的作用，每个家庭应该营造良好的文化环境，让孩子从小就对优秀传统文化耳濡目染，形成良好的文化素养。通过学校、家庭、社会多方面的努力，全面推进大学生对优秀传统文化的学习，促进大学生思想政治教育效果的提升。

第六章 高校思政“基础”课中优秀传统文化的融入

第一节 “基础”课与传统文化资源

一、天下担当、家国情怀与培养“担当民族复兴大任的时代新人”

中国古代思想流派众多，儒家、墨家、法家积极入世的态度，勇于担当社会、文化、道德重任的精神，对后世产生了深刻的影响。其中，儒家学派以天下为己任，主张积极进取，担当社会责任，对后世影响最大。儒家文化强调人的社会性，这种社会性集中体现为以“修身、齐家、治国、平天下”为人生的最高理想，这种以天下为己任的社会担当精神和修身精神，与无产阶级解放全人类、与共产党人实现共产主义的远大理想是一致的，与社会主义社会加强思想道德建设的逻辑理路是一致的。

“士不可以不弘毅，任重而道远”。在中国古代数千年的历史长卷中，勇于担当的仁人志士史不绝书：诸葛亮“鞠躬尽瘁死而后已”，爱国诗人陆游“位卑未敢忘忧国”，王阳明身体力行“知行合一”，顾炎武发出“天下兴亡，匹夫有责”的呐喊。先贤们对社会和人生怀有强烈的责任感，他们所表现出的奋斗意志和献身精神，凸显了对国家前途、民族命运勇于担当的崇高人格，对于那种只讲索取、不讲奉献的不良风气具有匡正作用。以天下为己任的文化传统历经数千年薪火相传，勇于担当已经成为中华文化延续的重要保障。

注重道德修养、强调修身为本是中国传统文化的一大特色。儒家学派以天下为己任，以“修身、齐家、治国、平天下”为实现社会担当的人生进路，形成了深厚的家国情怀、“君子”文化、“修身之道”。

古代把发扬光明美好的道德作为教育的目标，而“修齐治平”的家国情怀、天下担当与修养自身是一体的。那些想在天下弘扬光明正大品德的人，先要治理好自己的国家；想治理好自己的国家，先要管理好自己的家庭、家族；想管理好自己的家庭、家族，先要修养自身的品性；想修养自身的品性，先要端正自己的思想；要端正自己的思想，先要做到意念真诚；想做到意念真诚，先要获得知识，获得知识的途径在于认知研究万事万物。通过对万事万物的认识研究，才能获得知识；获得知识后，意念才能真诚；意念真诚后，心思才能端正；心思端正后，才能修养品性；品性修养好了，才能管理好家庭家族；家庭家族管理好了，才能治理好国家；治理好国家，然后天下才能太平。儒家文化的精华——家国情怀、社会担当精神与修身之道，对中国传统的理想人格、价值追求和社会心理都产生了极其深远的影响。

二、以天下为己任、刚健有为与大学生人生观价值观教育

在人生观方面，儒家文化的精华是积极入世的社会担当精神，“先天下之忧而忧，后天下之乐而乐”的文化传统，视国家民族的振兴为己任，忧国忧民，以除天下忧、兴天下乐为己任，把国家、民族的利益摆在首位，与国家、人民休戚与共。社会主义道德建设的核心“为人民服务”与这种情怀一脉相传，“基础”课中大学生服务社会、服务人民的教育内容也与此息息相通。

此外，中华传统文化中的各种积极进取精神与社会主义的人生观、价值观教育内容也高度一致。《周易》中的“天行健，君子以自强不息”、孔子的“发愤忘食，乐以忘忧，不知老之将至”“朝闻道，夕死可矣”等，这些勤奋进取的态度与“基础”课教学中培养树立积极进取、健康向上的人生态度的内容是完全一致的。中华民族向来是胸襟开阔、气度不凡的民族，一直主张积极进取、乐观向上，刚健有为、自强不息是中华民族经过几千年积淀和传承而形成的民族性格，体现着炎黄子孙一以贯之的人生态度，是中华文化的精髓，也是中华民族精神的一部分。中华文化倡导的刚劲雄健、奋发向上、自强不息的人生观，突出强调人的主体性和能动性，对当今大学生树立积极乐观的人生观，培养自立自强、开拓进取的人格具有重要意义。

人的成长发展不可能一帆风顺，往往会遭遇挫折和困难，需要战胜种种磨难，成就自我。坚定的意志力是战胜不良人生境遇的内在力量，是取得事业成功的基础，也是应该培养的正确人生态度。

三、“志当存高远”与理想信念教育

“思想道德修养与法律基础”课程要教育学生树立远大理想，坚定崇高信念，而中国传统文化也是一直强调要立志高远、始于足下，如孔子的“三军可夺帅也，匹夫不可夺志也”、墨子的“志不强者智不达”等。中国文化强调，即使是普通人也应对社会做出积极

贡献，从而实现人生价值。

从个人生命的发展来看，人生理想的确立是走向成熟的标志，只有以正确的人生理想为方向、以正确的人生追求为指引，才能确立合理的生活原则，恰当地立身处世。从国家社会看，积极承担国家民族的责任，实现中华民族伟大复兴的中国梦，是所有人的理想，也是每个人的使命。

四、“天下兴亡、匹夫有责”与爱国主义

中华文化蕴含着丰富深厚的爱国主义精神，爱国主义自古以来就是中华民族的优良传统。《礼记》的中“苟利国家，不求富贵”、《诗经》中的“夙夜在公”、孟子的“其自任以天下为重”“穷则独善其身，达则兼济天下”，《汉书·贾谊传》的“国而忘家、公而忘私”，司马迁的“常思奋不顾身，而殉国家之急”、陆游的“位卑未敢忘忧国”、顾炎武的“天下兴亡，匹夫有责”、文天祥的“人生自古谁无死，留取丹心照汗青”等等，都表达了中国人特有的家国情怀与社会责任感，在中国历史上一直得到高度推崇和广泛认同。

中华优秀传统文化中的爱国情怀和民族气节，无不是当今爱国主义的历史体现与文化积淀。中国人自古珍视祖国荣誉和民族尊严，“使于四方，不辱君命”“捐躯赴国难，视死忽如归”“愿得此身长报国，何须生入玉门关”“苟利国家生死以，岂因祸福避趋之”“鞠躬尽瘁，死而后已”，中华民族强调为国家和民族而献身的精神，这是中华文化的精华。

这些宝贵的历史文化资源能够使人深深体会到浓烈的爱国主义感情，感受到强烈的为国家民族而发奋的社会责任感。利用这些优秀传统文化加强爱国主义教育，树立崇高志向，培育爱国情操，有助于大学生形成家国观念和家国情怀，培养对国家民族的奉献精神，正确处理个人与集体、民族、国家的利益关系。

五、中国传统价值观与社会主义核心价值观

以“富强、民主、文明、和谐，自由、平等、公正、法治，爱国、敬业、诚信、友善”24字为基本内容的社会主义核心价值观，是社会主义基本理念的提炼，是中国特色社会主义的价值指引，是中华民族伟大复兴的精神支撑。在教育教学中，立足现实，依靠传统，放眼人类，才能全面准确地理解其丰富含义。

社会主义核心价值观，既根植于中国文化传统，又继承了近代以来的革命文化传统，还吸收借鉴了全人类的优秀价值观念和人类社会的发展大势。中国传统价值观中有许多优秀内容，是社会主义核心价值观的文化来源。中华民族在古代有许许多多值得继承发扬的

民族优秀道德遗产。自强不息的独立刚健，厚德载物的宽容厚道，天地之大、黎元为先的为民情怀，富贵不能淫、贫贱不能移、威武不能屈的坦荡浩然，投之以木瓜、报之以琼瑶的知恩感恩，位卑未敢忘忧国的家国志，捐躯赴国难的爱国情操，先天下之忧而忧、后天下之乐而乐的天下情怀，咬定青山不放松的坚劲韧性，杀身成仁、舍生取义的气节，粉身碎骨浑不怕的刚烈清白，克勤于邦、克俭于家的勤劳俭朴，病人之病、忧人之忧的同情同理心，每有患急、先人后己的利人助人心，责己要厚、责人要薄的严于律己，行有不得、反求诸己的反身内求，等等，都是中华民族优秀的道德遗产，都是值得继承发扬的价值追求。

六、中华传统文化的和谐思想与大学生良好人际关系

人际关系是人们必须处理好的社会关系。青年期正处于思想活跃期和个性成熟期，也是人际交往需要非常强烈的时期。在大学生的个人成长过程中，他们的交往需要是很迫切的，通过良好的人际交往，大学生能够正确认识自己、评价自己和接受自己，获得心理上的满足。所以，人际交往是促进身心健康的一种需要，是肯定自我、获得身心健康发展的必要前提。大学生兴趣广泛、精力充沛，希望认识社会、结识他人，也需要被人接受、被人理解，希望构建和谐的人际关系。

建立和谐关系，一直是中华文化的追求。“和”是中华传统文化特别倡导的伦理、政治和社会原则。孔子强调“礼之用，和为贵”“四海之内皆兄弟”，是儒家的追求，孟子“天时、地利、人和”的观点更是盛传不衰。张载扩而充之提出了著名的“民，吾同胞；物，吾与也”，所有人都是我的兄弟姊妹，万物与我都同样是天地所生。“视天下无一物非我”的民胞物与思想，体现了中华文化万物和合的精神，仁者不仅爱人类，同时也爱自然万物。中华传统的和谐思想，是指导现代人进行健康人际交往的重要思想资源。

为建立和谐的关系，传统文化特别强调换位思考、忠恕对人。忠恕是孔子待人的基本原则，“忠”是从积极的方面说，即尽心为人，也就是“己欲利而利人，己欲达而达人”；“恕”是从消极的方面说，即推己及人，也就是“己所不欲，勿施于人”。这种将心比心、推己及人的交往思想，是中国传统文化中对人际交往根本准则的经典表述，能够启发大学生换位思考，从而“心中有他人”，以关怀关爱的心态对待他人、对待社会，建立和睦关系。

和谐关系的建立需要以道义情感、处世修养为前提。传统文化强调高尚的道德人格，孔子追求“君子”型的理想人格，强调“恭、宽、信、敏、惠”；老子强调“上善若水，水利万物而不争”，强调“上德若谷”。传统文化强调“厚德载物”，强调“海纳百川，有

容乃大”；中华民族相信“大智者必谦和，大善者必宽容”，大智大善者必定有宽待众生的胸怀。这些道德认识和人生智慧，可以消解对抗，化解矛盾，协调人际关系，维护个人身心健康，有利于处理好个人与他人、个人与社会的关系。

为建立和谐关系，还要懂得各种场合的礼仪、礼节，待人以礼。作为“礼仪之邦”，中华传统文化中有丰富的关于人际交往的礼仪，在仪表穿着、言语应对、行为举止等方面，传统文化都有相应的约定俗成的要求，以表达对人的尊重。这些传统交往礼仪作为特殊的交往语言，代表着文明礼貌，至今仍然被人们普遍认可，在社交中发挥着重要作用。大学生待人接物也应该知书达理，学习一定的社交礼仪知识，增强礼仪、礼节、礼貌意识。

七、中华文化的入世担当精神与集体主义价值取向

以群体为本位的中华传统价值观与社会主义集体主义具有内在的关联，两者的价值取向不谋而合。以儒家为代表的中国传统文化，提倡“先天下之忧而忧，后天下之乐而乐”，主张群体本位，看重集体利益，儒家设计了“格物、致知、诚意、正心、修身、齐家、治国、平天下”的一系列步骤，基本是从自我完善出发，而达到“家国天下”的目的。在处理个人与国家的关系上，中国传统文化本着“天下兴亡，匹夫有责”的社会责任感，坚持群体至上的原则，这与社会主义的集体主义原则在精神实质上是一致的。

马克思主义能在中国传播发展，绝非偶然。马克思主义所说的人都是处于特定的历史关系和历史活动中的人，马克思充分肯定人的自然需要的合理性，但是侧重于从社会层面揭示人的本质，认为社会性才是人的本质属性。超越自然属性而从社会属性上揭示人的本质，这是马克思主义人学的独到之处，也与中华文化对人的认识相通。

中国传统文化也肯定了人的自然需要的合理性，《礼记》说“饮食男女，人之大欲存焉”“食色性也”，但它更加看重人的社会性。孔子说“性相近，习相远”，人的本性相近，由于环境习染不同才相互有了差别。尽管古代有人性善、人性恶、人无善无恶等各种观点，但中国古代人性论的侧重点仍然在于后天，侧重关注的是社会关系的调适，都是针对人的后天社会关系展开的。

马克思主义主张社会和人的和谐发展，社会为本位，认为人的本质是一切社会关系的总和，任何人都不可能脱离社会关系而存在，认为人生价值是自我价值和社会价值的统一。马克思主义强调群体利益、提倡集体精神，主张解放全人类才能解放人自身，强调为广大人类的事业而奋斗，这与中国传统文化推崇的治事、救世、经邦治世的人生价值追求不谋而合。

第一，对客观世界都采取积极的态度，都主张积极“入世”而非消极“出世”。儒家的经世传统与马克思主义的解放全人类思想是相通的。这也是同样面对一穷二白的社会，马克思主义能在中国传播、扎根、开花、结果，而没有在印度扎根的文化原因。中国传统文化与马克思主义都强调人的能动性和主动性，强调人的社会使命，注重发挥个人对社会的改造作用。

第二，都重视现实社会问题，都注意解决现实社会的矛盾。马克思认为，解决现实问题的途径是实践，而中国传统文化中与之对应的则是自强不息、知行合一的经世致用。尽管改造社会的手段和目的相去甚远，但都立足于解决现实社会的问题，因为社会是个人的归宿，个人生活的希望在于社会的改善，而不是把个人的希望寄托在虚幻的来世。

八、中华传统美德与社会主义道德建设

中华文化蕴含着丰富的思想道德资源，自觉继承并弘扬中华传统美德，能够不断深化对社会主义道德的认识，加强道德修养。

第一，中华文化的“天人合一”与爱护自然的现代社会公德。“天人合一”的传统理念，强调人与人、人与社会、人与自然和谐相处，这与爱护自然、保护环境的现代社会道德是一致的。

第二，敬业乐业传统与现代职业道德。中国自古就有不劳动者不得食的朴素观念，这是以自然公理为基础的一种社会正义。就业是个人生存发展之本，是人类生存发展的前提，我国传统文化中对“敬业乐业”的论述非常丰富。孔子提出“敬事而信”，“敬事”就是敬慎处事，恭敬奉事，一心一意做好自己的工作。“知之者不如好之者，好之者不如乐之者”，“乐业”是从业者对职业内容趣味性的追求，能从职业中领略到趣味才更易于实现人生价值。现代人也是如此，是以工作为苦还是以工作为乐，主要取决于能否体味工作的趣味，体味出职业趣味，也才能“发愤忘食，乐以忘忧”。

第三，中华家风家训传统与现代家庭美德。传统的中国家庭历来注重门楣家风和庭训家教，重视家风建设亦是历史上众多先贤的立家之本。可以说，古人对家风的论述，浓缩了中华民族几千年来在家庭问题上的价值观和道德观，是传统教育和传统文化的重要组成部分，对良好家风的传承就是在传承中华民族的优秀传统文化和家庭美德。如果尊老爱幼、尊师重教、重德修身等优秀的家规、家训得到传承与发扬，那会带动整个社会树立正确的荣辱观，帮助广大社会成员形成正确的价值判断和良好的道德风尚。所以，在家庭美德建设中，要积极发挥传统家风家训的作用，自觉发扬中华民族吃苦耐劳、自强不息的优良传统，追求积极向上、文明高尚的生活。

第四，中华美德与个人品德的培育。“修身为本，知行合一”的传统道德观念，有助于培养大学生良好的个人品质。

九、“德法并用”的治国传统与现代“依法治国”“以德治国”

传统治国思想中强调道德和法治的作用，“外儒内法”，德法并用。法治与德治相结合，既是一种思想理论，又是治国的必然之道，在我国有着深远的历史传统和文化根基。“礼法合治”是传统法律文化的总纲，“德法并用”是“礼法合治”传统在治国策略上的具体实践，“德法并用”的治国策略充分发挥了政治、法律和道德等方面的积极作用。

法律与道德，如车之双轮、鸟之两翼。法律没有道德的滋养，就会失去源头活水，难以全面体现民众的常情常理；道德没有法律的支撑，就会失去应有的力量，难以有效引导人们从善向善。正如习近平总书记强调的那样，法治和德治是一个事物的两方面，二者缺一不可。这种治理模式，在漫长反复的历史实践中，积累了大量的经验，为当今社会的国家治理提供了丰富的文化养分。

第二节　高校思政“基础”课中优秀传统文化的融入

中华优秀传统文化是中华民族经过几千年的发展而形成的珍贵瑰宝，是中华民族的“根”与“魂”。中华民族的伟大复兴需要以中华文化的发展繁荣为条件，要推动中华优秀传统文化的创造性转化和创新性发展，不断增强中华文化的影响力和吸引力。在新时代背景和国际国内复杂变幻的形势之下，高校大学生的认知和价值取向方面发生了新的变化，这就需要高校思想政治教育工作者们审时度势，深入挖掘中国传统文化中的精华内容，让中华优秀传统文化走进高校思想政治教育课堂，实现两者深度融合，提高思政“基础”课的教学质量。

中华优秀传统文化融入高校思想政治课是国家层面、大学生个人层面、教学层面及文化层面的合力使然，为中华优秀传统文化与高校思想政治课的融入融合提供了充足的现实基础。环视目前高校融入中华优秀传统文化的现实场景，非常不理想，在很大程度上说明了中华优秀传统文化在大学教育场域中的冷遇。鉴于此，高校务必高度重视中华优秀传统文化融入思政“基础”课程的工作，充分发动思政“基础”课程教师的主动性与创造创新性，从契合与对接中思考思政“基础”课程如何科学及时融入中华优秀传统文化，以此不断提升思政“基础”课程的新鲜度与文化吸引力。

中华优秀传统文化作为中华民族文化体系的重要成分，具有很多有益的教育资源。高校思政“基础”课程作为当代中国高校教育学生的重要思想资源，非常需要中华优秀传统文化的融入与渗透。当前探讨高校思政“基础”课程教育的改革创新发展，除了教育形式的探讨外，更重要的是思想政治理论教育内容创新、教育话语系统的创新。中华优秀传统文化在很大程度上能够为当前高校思政“基础”课程注入新鲜的教育养分，能够收到一举多得的效果。因此，研讨高校思政“基础”课中融入中华优秀传统文化的教学问题具有十分重要的现实意义与长远价值。

一、中华优秀传统文化与高校思政“基础”课的逻辑关联性

习总书记在很多场合都提及与强调传统文化的作用与价值，强调其育人功能与文化作用，可见中华优秀文化的重要性。作为培育大学生思想政治素质的思政“基础”课程，理所应当吸收中华优秀传统文化，不断提升教育的文化性和吸引力。

（一）中华优秀传统文化的内涵与价值

从内涵视角来讲，中华优秀传统文化是指传统文化中的优秀成分、有益成分，是有益处的文化，包括优秀的历史文化、茶文化、伦理文化、道德文化、诗歌、艺术文化、建筑文化、制度文化等。这些不同的优秀传统文化具有不同的具体内涵和类型，也具有不同的价值。

从功能视角来讲，发扬与传承中华优秀传统文化具有强大的文化功能、教育功能、资政功能。首先，中华优秀传统文化能够在很大程度上提升当代中国的软实力，这方面主要体现在，通过中华优秀传统文化的发扬与传承、学习，能够极大提升国民的文化素质，提升国民对传统文化的了解、认识与认同、接受，普及国民的文化知识；其次，中华优秀传统文化蕴含着丰富的教育内容与资源，能够在很大程度上为大学生的成长成才提供很多有益的素材与启示，能够提供很多成就一生的有用借鉴；最后，中华优秀传统文化蕴含丰富的治国理政的理念、经验与文化，能够在很大程度上为当代中国国家治理体系与治理能力的现代化提供丰富的素材。

（二）中华优秀传统文化与高校思政“基础”课的相关性

中华优秀传统文化蕴含了丰富的思想政治教育资源，高校思政“基础”课为中华优秀传统文化的传承发扬提供了很好的平台与渠道，由此可见两者具有诸多的关联性。

一方面，中华优秀传统文化是高校思政“基础”课程丰富的重要内容。作为高校育人

的重要课程，思政“基础”课程需要的教育内容很多，比如法治知识、历史知识、哲学知识、文学知识、艺术知识、网络知识、西方文化、中国文化、现代文化等，都是思政“基础”课程教学需要吸收借鉴的对象。其中，中华民族优秀传统文化就是很好的思政“基础”课程的教育素材与教育资源，能够在不同层面、不同方面和不同学科领域促进高校思政“基础”课程的创新发展。

另一方面，高校思政“基础”课程的改革发展是中华优秀传统文化发扬与传承的重要渠道与阵地。中华优秀传统文化作为中华文化体系的重要分支，其传承与发扬的阵地很多，比如校园文化建设、课堂教学、实践教学、志愿者活动、公益活动等，这些都可以将中华民族优秀传统文化融入其中，这些都是中华优秀传统文化融入渗透的好渠道与好去处。其中，思政“基础”课程教学就是中华优秀传统文化发扬光大的重要渠道与形式，通过思政“基础”课程这种好形式与好渠道能够在很大程度上促进中华优秀传统文化得以发扬光大、得以传承与践行认同。

二、主动改革创新高校思政课融入中华优秀传统文化的教学对策

针对当前我国高校融入中华优秀传统文化的现状，我们应该坚持立德树人的育人方针，从教育融入的理念、内容、方式、主体素质、保障机制、督导机制等方面创新发展，使高校思政课融入中华优秀传统文化的工作制度化、科学化和常态化开展。

（一）以人本理念为主，构建高校思政课融入中华优秀传统文化的理念体系，推动这项融入工作健康发展

融入的理念是高校思政“基础”课程融入中华优秀传统文化的先导，因此高校思政教师在将中华优秀传统文化融入思政“基础”课程时，务必注重融入理念的构建与创新，严格遵循优秀传统文化传承的规律、大学生思想政治教育规律与高等教育规律，推动高校思政“基础”课程对优秀传统文化融入工作科学化发展；思考和把握好高校思政“基础”课程对中华优秀文化融入的各个环节与各个要素的系统与协调发展；坚持思政“基础”课程教育的开放共享发展，推动高校思政“基础”课程融入中华优秀传统文化的时代化发展。

（二）以道德文化、伦理文化、爱国文化等为主，不断完善高校思政课融入中华优秀传统文化的内容体系，努力拓展这项融入工作的视域与范畴

融入的内容是高校思政“基础”课程融入中华优秀传统文化的内涵基础，因此高校思政教师在将中华优秀传统文化融入思政“基础”课程时，务必注重融入内容的完善与创

新，做好优秀传统文化与法治教育、国家历史教育、形势政策教育、思想道德修养教育、马克思主义中国化理论教育、马克思主义基本原理教育等融合与对接工作，将传统文化置于思政“基础”课程的内容体系与话语体系之中，突出这种融合内容的时代性、本土化、大众化和科学化发展。

（三）以间接融入与直接融入等相结合，努力创新高校思政课融入中华优秀传统文化的教学形式与手段

融入的方式是高校思政“基础”课程融入中华优秀传统文化的重要手段，因此高校思政教师在将中华优秀传统文化融入思政“基础”课程时，务必注重融入形式的选择与创新整合，在思政“基础”课程的情境教学、案例教学、实践教学、网络教学、活动教学等教学手段中努力开展中华优秀传统文化的教育和传承工作。

（四）以教师自身文化素质与学生文化素质提升为主，努力夯实高校思政课融入中华优秀传统文化的主体力量

融入的主体素质是高校思政“基础”课程融入中华优秀传统文化的主体力量，因此高校思政教师在将中华优秀传统文化融入思政“基础”课程时，务必注重融入主体素质的提升培育，大力做好大学生和教师自身的文化素质提升、文化自觉意识强化、文化自信认同工作，努力提升大学生的文化知识面，尤其是传统文化知识面及对传统文化的理解与认识。

（五）以思政课程内容改革和制度建设、经费投入为主，加大对高校思政课融入中华优秀传统文化基础性条件的供给

融入的保障机制是高校思政“基础”课程融入中华优秀传统文化的条件，因此高校思政教师在将中华优秀传统文化融入思政“基础”课程时，务必注重融入条件的配置与供给，针对这种融入工作的需要，形成一套融入的规则与制度，及时提供好需要的相应教育环境与载体，加大对开展融入中华优秀传统文化的经费投入供给。

（六）以文化素质的提高为重要考核指标，健全高校思政课融入中华优秀传统文化的评价督导机制

融入效果的考核督导是高校思政“基础”课程融入中华优秀传统文化的评价机制，因此高校思政教师在将中华优秀传统文化融入思政“基础”课程时，务必注重融入工作考核

督导机制的构建与执行，以学生思想、文化与道德提升为重要考核指标，科学建构好融入工作考核机制，针对这种融入工作的各个环节与各个层面搭建好督导考核体系与框架。

总之，将中华优秀传统文化融入高校思政“基础”课程的教学是一项长期复杂的系统工程，需要高校、高校思政教师、学生等各个方面的努力，更需要从不同视角去探索和尝试。立德树人与开放融合的教育形式为高校思政“基础”课程融入中华优秀传统文化提供了很好的视角与平台。目前重要的是，高校思想政治理论教师在教学中融入中华优秀传统文化应该好好进行教学的改革发展，以教育信息化、国际化发展为契机，不断探索中华优秀传统文化融入思政“基础”课程的形式、内容与话语表达，力求中华优秀传统文化的传承发扬与思政“基础”课程教育的改革发展形成良性互动的驱动创新发展态势。

三、中华优秀传统文化融入高校思政“基础”课的路径

（一）更新思政“基础”课程的教学理念

教育理念是教育成败的决定性因素，支配着教育方式和方法、决定着教育方向。我国以儒家思想为代表的传统文化重视德育、强调人伦、相信人性，带给高校思政“基础”课程宝贵的启示。

1.“重教崇德”的德育地位观

中国古代教育强调“重教崇德”和“人德共生”，把德育置于智育之上。比如，儒家认为，德育不仅是教育的根本任务和人之为人的本质要求，而且是治国安邦的基础所在。儒家的德育思想不是狭义的道德教育，而是以道德教育为切入点，包括政治、道德、法律等内容的全方位思想政治教育。可见，德育优先是中国教育的特色和优势，高校教师特别是思政“基础”课教师必须更好地把握，纠正轻视德行教育和道德理性、偏重知性教育和工具理性的错误观念，围绕“立德树人”的根本任务发挥思政“基础”课程的主渠道作用。

2.“教以人伦”的德育起点观

以思想、政治、道德、法律等内容为核心的“大德育”体系中，中国古代教育认为“人伦道德”是思想政治教育的基础内容，为此，孟子认为“夏曰校，殷曰序，周曰痒，学则三代共之，皆所以明人伦也”；他还提出“五伦说”，把君臣、父子、兄弟、夫妻、朋友确定为社会关系的基本结构和具体内容，且将“亲亲”关系放在五伦之首；王阳明不仅完全认同孟子“人伦教育”的重要性，而且认为“是故明伦之外无学矣”。因此，高校

思想政治教育既然是育人工作，就应该从人类最基本的人伦关系和最自然的情感入手，引导大学生认同社会道德规范和国家政治理念，提高思想政治教育路径的现实性、可操作性及有效性。

3. “为仁由己”的德育动力观

儒家思想主张“为仁由己”，强调道德修养是主体出于内心自觉自愿的选择；儒家“性善论”思想也是中华民族几千年来的主流信仰，无论孔子提出的“仁”、孟子的“良知良能”与“四端说”，还是王阳明讲的“良知”，都坚信人们基于善良的本性并依靠内在的道德素质和自觉就能达到理想的道德境界，“吾欲仁，斯仁至也”“人皆可以为尧舜”。可见，中国古代教育注重启发主体的内心觉悟，强调道德义务是发自内心的自由要求、道德价值是个体存在的生命意义和价值所在，这种依靠教育对象内在力量提高道德修养和道德水平的教学向度对于纠正当前高校思想政治教育的问题具有重要意义，包括过分强调外在规范和法律约束、忽视内在的情感诉求等。

（二）深化思政“基础”课程的教学内容

1. 以“仁爱”理念为道德的情感根基

仁爱是儒家思想的核心和基础，是传统德育的核心价值，是中华传统美德的精神根源；仁爱思想内涵丰富，揭示了道德发生的情感基石——源于恻隐之心的爱，揭示了实现道德的方法——“忠恕而已”，揭示了道德水平提升的过程——“亲亲—仁民—爱物”。“仁爱”思想对于高校思政“基础”课程中道德教育的启示主要包括三方面：第一，道德教育应该顺从人的道德需要，并以此为基础引导人们完善内在道德。仁爱思想强调道德源于人性中的善端，良心是内在的法庭，道德教育能够激发本能的怜悯同情和张扬人性中的善端。第二，汲取“忠恕之道”的合理内核，加强大学生的处世教育。“忠”是尽己之心助人，“恕”是不以己之所恶施于人，二者结合在人际交往实践中合理合情、简便易行。第三，从孝道教育入手，引导大学生认同社会道德规范和国家政治理念，构建以情感为中心的德育模式。

2. 以“正义”理念为道德的价值尺度

正义是中华传统中“日用而不察”的价值观，是考量个体行为和社会公道的价值尺度。儒家的道德观认为，义是仁在具体场合和具体身份下的合宜，“义者，宜也，裁制事物使合宜也”。爱亲、爱人、爱物必然导致利益冲突，正义则是利益取舍的原则。儒家的正义观强调集体主义本位和个人对于整体的道义责任，视社会集体的整体利益为社会的最大正义。一方面，集体本位正义观有助于协调个体与整体的关系问题，对于维护社会整体利益和维持社会正常运转发挥着重要作用；另一方面，集体主义价值观既是社会主义意识形态的本质体现，也是社会主义核心价值体系的主线和基本内涵，因此，儒家正义观融入高校思政“基础”课程有助于大学生重新树立集体主义价值原则，实现社会主义核心价值观入脑入心。

3. 以“诚信”理念为基本的道德规范

诚信是中华传统美德的重要范畴，是道德修养的基石，是人的立身基础，是社会交往的基石，是国家治理的价值规范。《论语》认为，“人而无信，不知其可也，大车无輗，小车无軏，其何以行之哉?”儒家认为，诚信的内涵包括“信于言”“信于义”“信于天”三个层次。具体来说，第一，说到做到，“言必行，行必果”；第二，言行合乎身份、场合及职责，“信近于义，言可复也”“大人者，言不必信，行不必果，惟义所在”；第三，诚信是人的本性，“诚者，天之道也；思诚者，人之道也”（《中庸》）。可见，诚信理念要求人做到不自欺，忠实于个体真实不妄的本性，行于外而动于中、动于中而发于外，真诚坦荡。高校思政“基础”课程有必要讲清楚传统诚信观念的三个层次，以帮助大学生理解诚信的内涵，正确规范自身的言行，可以列举“商鞅立木为信”“岳飞精忠报国”“文天祥宁死不屈”等中国传统故事。

（三）创新思政“基础”课程的教学方法

德育是中华传统文化的精髓，深入系统地研究我国传统的德育方法也是继承和发扬优秀传统文化的方式，包括注重启发诱导、躬行践履及审美情感，可以视为高校思政“基础”课程教学创新的重要部分，从传统德育方法中汲取养分创新思想政治课程的教学，提升大学生的道德修养。

1. 秉承“知行合一”，强调身体力行和躬行践履

虽然儒家思想家直至王阳明才正式提出“知行合一”学说，揭示了学习的过程，即“知是行的主意，行是知的功夫；知是行之始，行是知之成”，但是儒家思想中一直潜存着“知行合一”的思想因子，比如：“学而时习之，不亦说乎?”（《论语·学而》）“不闻不若闻之，闻之不若见之，见之不若知之，知之不若行之。学至于行之而止矣。”（《荀子·儒效》）“博学之，审问之，慎思之，明辨之，笃行之。”（《中庸》）“知行合一”思想启示高校思政“基础”课程密切联系实际，教学接轨现实生活。

首先，高校思政“基础”课程的教学要直面教育对象的生活实际，着眼于他们的生活

环境，以解决他们的现实困境为目标。其次，教学内容要关注社会情境的焦点、热点及难点问题，引导学生运用马克思主义立场、观点、方法认识并分析新时期出现的新情况和新问题。最后，教学过程要组织实践活动，帮助大学生自觉规范个体的道德行为，在行为实践中丰富体验，逐步形成正确的理想信念。以笔者所在院校为例，在“知行合一”理念的引导下，“思想政治理论与道德修养”课程按照专业开展分类教学，教师综合运用角色模拟、模拟法庭、法庭听审、公益活动等教学方式，结果表明，“知行合一”教学方法有助于大学生将道德认知转化为道德实践，将法治精神运用于实际生活，达到教学的最终目的。

2. 秉承“诗教乐教”，强调情感熏陶和审美体验

在德育领域，如果不把情感放在中介的位置，个体很难实现认知向意志和行为的转化。高校当前的思政“基础”课程在教学中普遍强调理性、认知、规范及义务，往往缺乏情感观照和审美情趣。主渠道、主阵地要有“亲和力”“感染力”“吸引力”，能“满足学生成长发展的需求和期待”，“格调高雅”。

儒家倡导的情感和审美式德育模式正是我们可以努力发掘的智慧财富。“兴于诗，立于礼，成于乐。”“德者，性之端也，乐者，德之华也。金、石、丝、竹，乐之器也。诗，言其志也；歌，咏其声也；舞，动其容也。三者本于心，然后乐器从之。”（《礼记·乐记》）音乐、绘画、诗文等人文要素可以借助游戏、体验、审美等活动实现情感熏陶，这种教学方式虽然没有直接表达思想政治教育的内容，但是间接达成了思想政治教育目的。

综上所述，传承中华五千年文明离不开传统文化稳固的道德根基，实现中国梦同样离不开优秀传统文化的道德根基，优秀传统文化融入高校思政“基础”课程既是传承优秀文化、增进大学生文化自信、建设文化强国的重要路径，也是增强课程教学实效性，提高大学生思想水平、政治觉悟及道德品质的主要方式，更是培养社会主义建设者和接班人、完成“立德树人”根本任务的有效途径。

（四）加强师资队伍建设

高校思政“基础”课教师队伍是决定思想政治教育效果的重要因素。要想实现中华优秀传统文化与高校思政“基础”课深度融合，提高思政课的教学质量，就要选拔培养一大批根正苗红、德才兼备的思政课教师。首先，要注重培养双师型教师。双师型教师既强调教师具备理论教学的能力，也应具备实践教学的能力。因此，教师应当善于学习和反思，不断提高自身的国学素养和育人能力。同时，做到理论与实践相结合，以趣味性的教学方法把中华优秀传统文化融入高校思想政治教育课堂，开展丰富的教学活动，促进教学方式

的创新。其次，端正思政课教师的信仰。高校思政课教师队伍的信仰正确与否，直接影响到思想政治教育的实际效果。高校应当充分利用校内和校外资源，对思政课教师进行传统文化教育和共产主义信仰教育，使教师更坚定社会主义信念，为培养社会主义建设者和接班人提供信仰支撑。最后，要重视辅导员队伍的建设。辅导员是实现中华优秀传统文化融入大学生思想政治教育的专职政工干部，是打通高校思政教育最后一公里的重要承担者。辅导员在做好本职工作的同时，应当通过学习不断提升自身的文化素养和历史文化常识，提高理论素质。同时高校应积极创造机会，为辅导员提供系统的传统文化学习和培训，不断开阔他们的文化视野。

（五）充分运用网络新媒体技术

营造优秀传统文化育人环境，就需要充分利用新媒体平台。近年来，随着互联网技术的发展，网络新媒体已经成为大学生获取知识的重要渠道。新媒体的发展，为高校思想政治理论教育提供了新的方法和途径。首先，高校可充分利用微信公众号和学校官网等网络平台资源，定期向学生推送中华优秀传统文化相关文章，引导学生养成学习传统文化的习惯。其次，教师在思政课教学中要善于利用多媒体技术，将传统文化中富有教育意义的故事以漫画、短视频等形式呈现出来，增强思政“基础”课的趣味性。同时，高校可通过创建线上网络答疑系统，教师为有疑问的学生提供解答，提高学生学习传统文化的主动性。再次，高校应利用网易云公开课、MOOC和学习通等学习平台，向学生提供丰富的中华优秀传统文化课程，以满足学生的学习刚需。最后，高校可通过建立QQ群和微信群，鼓励学生在群里畅所欲言，各抒己见，引导学生讨论和思考，进而提高他们学习的积极性。

中华优秀传统文化是高校思政“基础”课的重要资源，也是提升思政“基础”课教学质量的重要法宝。面对新媒体发展带来的挑战、高校对于中华优秀传统文化重视程度不够及中华优秀传统文化与高校思政“基础”课衔接不到位，高校应当秉持立德树人的根本任务，采取积极的步骤去促进中华优秀传统文化与思想政治教育的深度融合，提高思政“基础”课的水准，从而为国家培养更多优质的社会主义建设者和接班人。

第七章

高校思政“概论”课中优秀传统文化的融入

第一节　“概论”课的传统文化资源梳理

一、从民本思想到以人民为中心

如前所述，“民为邦本，本固邦宁”的民本思想是中国传统思想中的代表性内容。孟子的“民贵君轻”表达了儒家以民为本的传统政治理念。《孟子·离娄上》说：“桀纣之失天下也，失其民也；失其民者，失其心也。”荀子的“君舟民水”的比喻生动而深刻，“水能载舟，亦能覆舟”的警句广为流传。

唐代名相魏征也对杰出政治家李世民讲过荀子的这个观点，受到李世民的称赞，并被多次引用。唐代柳宗元则提出了“吏为民役”的思想。“贞观之治”的盛景得益于君主爱民恤民、以民为本的治国方针。宋元明清时期，民本思想得到进一步的完善。明末清初的黄宗羲提出“天下为主君为客”的民本思想。传统的“民本”思想源远流长，为古代贤明的政治家所重视，成为成功治国的基本点。政治清明、国富民安的朝代，执政者都是重视民本、关注民生的，如文景之治、贞观之治、康乾盛世等。近代，民本思想受到西方资产阶级人本主义的影响，孙中山继承和发展了传统民本思想，提出了包括民族、民权、民生在内的“三民主义”，他重视人民生活、国民生计，为民主革命做出了重大贡献。从中华文化的历史传承角度看，“三民主义”也可以说是“民为邦本”思想的进一步发展。

可以说，中国共产党坚持马克思主义的人民立场，并继承了中国古代的“民本”思想，才形成了“全心全意为人民服务”的党的根本宗旨，形成了群众路线这一根本工作路线，形成了一切从人民的利益出发、“以人为本”“执政为民”“始终代表最广大人民的根本利益”等思想。在社会主义新时代，以习近平同志为核心的党中央始终坚持“以人民为中心”，尊重人民主体地位，一方面，坚定不移地把“人民对美好生活的向往”作为我们的奋斗目标，努力提升人民的获得感、幸福感；另一方面，坚决反对脱离群众，坚决反对各种官僚主义，坚决反对一切腐败现象。

“全心全意为人民服务”、群众路线、“以人民为中心”等政治理念，是中国共产党的优良传统和政治优势，是中国共产党各方面工作的生命线，也是中国特色社会主义理论体系的重要标识。这不仅是对中华民族传统“民本”思想的传承，更是对中华民族传统“民本”思想的发展。

二、从尚变维新到改革创新

我国有着丰富的辩证思维传统，认识到世界万事万物生生不息，处于永恒变化的状态。所以，中国人自古就坚信事物变动不居，崇尚“变易”，中华民族是富有创新精神的民族。中国哲学有一个根本的一致倾向，即承认变是宇宙中之一根本事实。变易是根本的，一切事物莫不在变易之中，而宇宙是一个变易不息的大流。崇尚“变易”的思想观念可以追溯到古代“六经之首”的《易经》。西周时期的《易经》认为，“阴阳相推而变化生”，所有事物都处于变化之中，事物的发展变化有其阶段性和规律性，不同阶段事物的变化特征不同。在初始阶段，事物的变化还不很显著，到了旺盛阶段，事物的变化会逐渐显著甚至变化剧烈，最后发展到了极点、超过一定限度，事物就会进入衰退阶段，带来相反的结果。《诗经·大雅·文王》：“文王在上，于昭于天。周虽旧邦，其命维新。”周虽然是个古老的国家，但上天赋予了它新的使命，那就是要求它不断革新。周文王秉承使命除旧布新，所以它能自我更新。“周虽旧邦，其命维新”这句典故被习近平多次引用，成为鼓励我们不断革新的精神源泉。古代的朴素辩证法认为，“穷则变，变则通，通则久”，“变”是世界的不二法则。

三、从“自强不息”到独立自主、自力更生

《易经》中“天行健，君子自强不息”的箴言，沉淀成为中华民族自强不息、刚健有为的优秀品格。《周易·大畜·象传》提出“刚健笃实，辉光日新”的精神，孟子倡导“富贵不能淫，贫贱不能移，威武不能屈”的大丈夫人格，这种自强不息的刚健精神，使中华民族面对困难和挫折能够顽强奋起，挑战困难，不畏惧，不退缩，不屈服。“盘古开天地”“女娲补天”“精卫填海”等神话传说及“愚公移山”等寓言，就是这种民族精神的写照。自强不息、勇于抗争的民族文化塑造了中国人勇往直前、奋发图强的倔强性格。

这种奋发图强的不服输精神，激励着以中国共产党为代表的中华儿女，为民族独立和国家富强而奋勇向前，经过艰苦卓绝的革命斗争，终于战胜了各类强敌，实现了民族独

立、人民解放。此后，中国共产党人和人民群众继续奋斗，为改变中国贫穷落后的面貌，为实现中华民族的伟大复兴而英勇向前。独立自主，自力更生，是从中国实际出发，依靠群众进行革命和建设的必然结论。中国人相信“自有自便，自创自立”，无论是寻常使用的东西，还是尖端科技，自己拥有就会得心应手，就会独立傲立于世。独立自主、自力更生已经成为中国特色社会主义理论体系的理论品格，沉淀在了现代中国人的价值取向之中。

自己的事情自己干，自己的问题自己解决，中国特色社会主义正是在自强不息、艰苦奋斗的实践中创造了辉煌的发展业绩。独立自主、自力更生是中国革命、建设、改革取得成功的一条基本经验。

四、从“天人合一”到绿色发展

“天人合一”是中华文化中具有民族标志性意义的思想，中国人自古强调人是自然的一部分、人与自然是一体的，强调人与自然和谐相处。庄子曾言：“天地与我齐生，而万物与我为一。”董仲舒认为：“天者，万物之祖，万物非天不生。”宋代张载说：“民吾同胞，物吾与也。”民为同胞，物为同类，一切为上天所赐，所以要泛爱天下苍生，爱一切物类。

中华文化偏重于整体的辩证思维，重视事物的全面性，处理各方面关系也是以大局和整体为着眼点，“天人合一”思想就是把人置于客观的自然世界之中，强调人与自然的客观联系和不可分割。人是自然世界的一个组成部分，没有大自然人类便无法生存发展，而人类要从大自然中索取，就会给自然带来一定的破坏。注重整体统一的辩证思维方式，使中国人在天人关系中既看到了人与自然的统一性，又看到了人与自然的矛盾性；既看到了人在自然面前的主动性、能动性，又看到了人在自然面前的受动性、制约性。总体而言，自然环境是人类生存发展的外在条件和客观基础，传统的“天人合一”观念表达了人与自然和谐相处的愿望。

与西方“征服自然”的观念相反，“天人合一”超越了“以人类为中心”的工具主义，提倡人类与自然的和谐平等。西方社会偏重人类对大自然的权利，竭泽而渔，形成了全球性的环境问题。事实证明，西方式的一味“征服自然”，实质是人为地干扰了自然、破坏了自然，这是违背客观规律的。人有“人道”，天有“天道”，人类在向大自然索取的同时也要尽到保护自然的义务。因此，人类应该树立可持续发展理念，关注环境，使经济发展和爱护资源、保护环境协调一致，由以经济发展为核心转向以社会永续发展为核心。

在我国的社会主义建设中，绿色发展已经成为新时代的五大新发展理念之一，坚持尊重自然、顺应自然、保护自然的可持续发展成为国家发展的战略要求。我国更加关注各种经济活动的生态合理性，强调对自然资源进行合理开发和利用，摒弃对资源、环境有害的经济活动。为了人类的永续发展，必须从根本上树立人与自然共同发展的伦理观念，尊重自然的地位和价值，重视自然的存在权利，在利用自然的同时承担保护自然的责任。人类要不断加深对自然规律的了解，合理发挥人的能动性，寻找符合人与自然和谐共存的发展道路和发展模式。

五、从大一统思想到“一国两制”

中国历史上的国家统一思想源远流长，博大精深。大一统思想最早见于《诗经》“普天之下，莫非王土；率土之滨，莫非王臣”的诗句，后来儒家大一统思想占据社会主流。孔子编著《春秋》，提出了“大一统”的主张。孔子大力强调礼乐征伐要“自天子出”，对“九合诸侯，一匡天下”的管仲给予高度评价。孟子明确提出天下安定在于天下统一，他提出了天下“定于一”的主张，认为国家只有统一才能安定。《孟子·梁惠王上》记载，孟子见梁襄王时，对梁襄王提出的“天下恶乎定”的回答就是“定于一”，即天下统一。而对于梁襄王“孰能一之”的回答则是“不嗜杀人者能一之”，表达了孟子以仁政统一天下的主张。明确提出“大一统”概念的是《春秋公羊传》：“曷为先言‘王’而后言‘正月’？王正月也。何言乎王正月？大一统也。”《汉书·王吉传》说：“春秋所以大一统者，六合同风，九州共贯也。”大，重视、尊重；一统，指国家在政治、文化上的集中统一。秦朝统一中国后，特别是汉代长期的统一，使儒家的大一统观念得以不断深化。在此基础上，董仲舒进一步提出“《春秋》大一统者，天地之常经，古今之通谊也”，把大一统提升到普遍法则的哲学高度。之后，大一统思想不断丰富和发展。唐代的韩愈、柳宗元都极力主张削除藩镇以期“天下会于一”。

香港、澳门和台湾自古以来就是我国领土，维护我国领土完整是人民的迫切愿望，为实现这一愿望，中国共产党人根据中国当前国情，创造性地运用传统文化中的“大一统”观念与“和而不同”思想，提出“和平统一、一国两制”这一伟大创举，体现了和而不同的思想精髓。“一国两制”是实现祖国统一大业，解决香港、澳门和台湾问题的重要方针。

六、从“王道”到人类命运共同体

“王道”和“霸道”是春秋战国时期提出来的重要范畴。王道，即以理服人的仁德政治；霸道，是以力服人的强力统治。儒家中的孟子一派认为这是两种不同的政治策略和政治原则，孟子主张尊王贱霸，以王道批判和否定了霸道。汉以后，这两种政治原则的界限被突破，统治者走的是“霸王道杂之”的路子。治国之道有三，曰理、力、利，荀子列举了这三种途径，详细分析了各种途径的特点及效果。他说：“凡兼人者有三术：有以德兼人者，有以力兼人者，有以富兼人者。”（《荀子·议兵》）荀子认为，礼义道德是人心所欲，循理而行，众望所归，故以德兼人，顺民心，合民意，“故仁人之兵，所存者神，所过者化，若时雨之降，莫不说喜”（《荀子·议兵》），循理而行，得到人民的拥护，国势会越来越强盛。而“以力服人者，非心服也”，以武力征服天下，人民畏于威势，不敢有背叛之心，但内心并不顺服，只能靠兵多来维持势重，以财富来兼并天下，对百姓诱之以物利，能满足人们的一时之需，但国家所费弥多。所以，恃强凌人者必弱，恃富骄人者必贫，只有以德待人，才能最终王天下。在荀子看来，统一天下，关键在于争取人心，而争取人心要靠道义，“壹民以道”，就可以“不战而胜，不攻而得，甲兵不劳而天下服”（《荀子·王制》）。孙中山认为，中国文化是王道的文化，是注重道德的，而西方文化是霸道的文化，是注重武力的。王道是用仁德的文化，是感化人不是压迫人。王道是儒家文化提倡的中国传统国家理念中最重要的理：“以德行仁者王”“远人不服，则修文德以来之”。

由于王道政治以人民为受益对象，以和谐为导向，因此在当代社会尤显其价值。“和”指尊重不同的文化，不贬低别的文化，认为各种文化应相互融合发展，这是中华民族的一个显著特点。古代中国人在整个自然界寻求秩序与和谐，并将此视为一切人类关系的理想。《尚书·尧典》中早有“克明俊德，以亲九族；九族既睦，平章百姓；百姓昭明，协和万邦”的论述。中国梦需要和平，只有和平才能实现梦想。历史上，中国积极发展同世界其他民族的友好往来，为人类文明做出了杰出的贡献，成为举世闻名的礼仪之邦。汉武帝派遣使者出使西域、唐太宗发展西域交通、郑和七下西洋、著名的“丝绸之路”等，是中华民族对外和平交往的历史见证。改革开放以来，我国的综合国力已在世界上占有举足轻重的位置，国际影响力前所未有，中国从世界舞台的边缘走到世界舞台的中央，而“协和万邦，走向共赢”始终是我们参与国际竞争的重要理念，“中国将坚定不移走和平发展道路，坚定不移奉行独立自主的和平外交政策，坚定不移奉行互利共赢的开放战略”。

第二节　高校思政“概论”课课堂中优秀传统文化的融入

一、中华优秀传统文化融入“概论”课教学的必要性

文化是一个国家、一个民族的灵魂。文化兴则国运兴，文化强则民族强。没有高度的文化自信，没有文化的繁荣兴盛，就没有中华民族的伟大复兴。

中国特色社会主义文化，源于中华民族五千多年文明历史所孕育的中华优秀传统文化，熔铸于党领导人民在革命、建设、改革中创造的革命文化和社会主义先进文化，植根于中国特色社会主义伟大实践。

（一）丰富教学内容，提高教学水平

“概论”课教材的主线是马克思主义中国化，主要涵盖马克思主义中国化系列理论成果的主要内容、历史地位、精神实质及指导意义，集中反映了中国共产党推进马克思主义基本原理同中国具体实际相结合的历史进程，以及从中得到的有益经验与方法。

在“概论”课的教学中，教师更多的是采用了与当代具体实际相结合或者是从理论到实践为学生进行授课的方式，这种方式可以让学生立足当下从而了解马克思主义中国化理论在当代的意义与作用，但是这样也在某种程度上忽视了马克思主义中国化理论中的传统文化基因，可能使学生无法从根源上理解马克思主义中国化理论。因此，将中华优秀传统文化与“概论”课教学相融合，厘清马克思主义中国化系列理论的传统文化基因，充实教学内容，扩展教学的广度与深度，有利于使学生多方位、深层次地掌握马克思主义中国化系列理论，传递中华优秀传统文化精神，树立学生的唯物主义历史观，不断提升逻辑思维能力，增强中华传统文化修养。

（二）树立“四个自信”，培养时代新人

“概论”课教学内容是马克思主义与中国具体实际结合而诞生的系列理论成果，其中潜藏着中华民族五千多年的精神瑰宝。将中华优秀传统文化融入“概论”课教学正是要将其中潜藏的中华民族的精神瑰宝发掘出来并使学生从根本上把握中国特色社会主义。中国特色社会主义道路是建立在国家和民族历史发展的脉络及文化积淀之上，是历史和人民的选择；中国特色社会主义理论是马克思主义与中国具体实际相结合的产物，与沉淀着民族

最深沉的精神追求的中华传统文化无法剥离；中国特色社会主义制度根植于中华文化沃土，具有丰厚的历史渊源和现实基础；中国特色社会主义文化各个部分都无法割裂开来，中华优秀传统文化是革命文化与社会主义先进文化的基底，是我们最深厚的文化软实力。将中华传统文化与中华民族的发展、中国特色社会主义相联系，才能够从根本上增强当代大学生的“四个自信”。

使学生了解到“概论”课教学内容中所蕴含的中华优秀传统文化基因，坚定马克思主义的信仰，认可中国特色社会主义，清楚地了解自己深厚的文化传统，才能树立起“四个自信”，成为时代新人。

二、中华优秀传统文化融入“概论”课教学的基本原则

在研究中华优秀传统文化融入“概论”课的时候，要坚持马克思主义为指导，坚持古为今用、推陈出新，坚持创造性转化。

（一）坚持马克思主义为指导

马克思主义坚持实现人民解放、维护人民利益的立场，以实现人的自由而全面的发展和全人类解放为己任，反映了人类对理想社会的美好憧憬；马克思主义揭示了事物的本质、内在联系及发展规律，是“伟大的认识工具”，是人们观察世界、分析问题的有力思想武器；马克思主义具有鲜明的实践品格，不仅致力于科学“解释世界”，而且致力于积极“改变世界”。

马克思主义是科学、是真理，在研究中华优秀传统文化与“概论”课教学相融合时把握马克思主义的指导不动摇，坚持辩证唯物主义与历史唯物主义的立场观点和方法。要坚持全面地、辩证地看待传统文化，既要看到其中优秀的部分，也要看到其中具有封建性的部分，进而将传统文化的精华内容纳入“概论”课教学之中；坚持用联系的观点看待传统文化，传统文化的产生与存在是与当时的社会、人民的需求密不可分的，需要将其与现在的社会发展联系起来，探究是否有共通之处，筛选符合时代要求的内容与“概论”课教学内容进行融合；要坚持用发展的观点看待传统文化，传统文化发展到今天，虽然带着深深的历史烙印，但是也被赋予了一些新的内涵，要将传统文化放在发展的环境下进行判断，进而探讨其融入“概论”课教学的合理性。

在讨论中华优秀传统文化融入“概论”课教学这一问题时，必须坚持马克思主义为指导，保证研究的科学性与合理性。

（二）坚持古为今用、推陈出新

传统文化在其形成和发展过程中，不可避免会受到当时人们的认识水平、时代条件、社会制度局限性的制约和影响，因而这就要求人们在学习、研究、应用传统文化时坚持古为今用、推陈出新，结合新的实践和时代要求进行正确取舍，而不能一股脑儿都拿到今天来照套照用。要坚持古为今用、以古鉴今，坚持有鉴别地对待、有扬弃地继承，而不能搞厚古薄今、以古非今。

因而，在将中华优秀传统文化融入“概论”课教学内容时，要结合新的实际和实践要求，将中华优秀传统文化符合当今德育目标的对应内容融入，同时把握当代的政治、经济、社会情况，赋予其新的时代内涵与特征，坚持“古为今用、推陈出新”的原则。

（三）坚持创造性转化

不忘历史才能开辟未来，善于继承才能善于创新。优秀传统文化是一个国家、一个民族传承和发展的根本，如果丢掉了，就割断了精神命脉。我们要善于把弘扬优秀传统文化和发展现实文化有机统一起来，紧密结合起来，在继承中发展，在发展中继承。努力实现传统文化的创造性转化、创新性发展，使之与现实文化相融相通，共同服务以文化人的时代任务。

创造性转化，就是按照时代特点和要求，对那些至今仍然有借鉴价值的内涵和陈旧的表现形式加以改造，赋予其新的时代内涵和现代的表达形式，激活其生命力。

三、中华优秀传统文化融入“概论”课教学的路径与方法

“概论”课教学是大学思想政治教育的重要组成部分，而思想政治教育活动是由若干因素形成并展开的，现在学界探讨较多的有“三要素论”“四要素论”“五要素论”等。本文在此处从“四要素论”出发，来探讨中华优秀传统文化融入“概论”课教学的路径与方法。思想政治教育活动的“四要素”包括思想政治教育主体（教育者）、思想政治教育客体（受教育者）、思想政治教育介体（内容和方法）、思想政治教育环体（社会环境）。

（一）中华优秀传统文化融入“概论”课教学的路径

“路径”指到达目的地必经的道路，着重解释路径的实践性；比喻门道，指出了路径的方法论意义。杨建义对思想政治教育路径进行了界定，指出思想政治教育路径，是以信

息的交流、分享而联结起来的主客体指向教育目标的运动，是实现思想政治教育目标的逻辑指向和实践过程的统一。这里面有两方面的含义：首先是从抽象逻辑的角度出发，思想政治教育路径是教育者依据社会要求的特定的思想品德规范和受教育者思想品德产生发展的矛盾与规律，有计划、有组织、有目标地对受教育者进行教育，使受教育者思想产生内在的矛盾活动，从而形成社会所期望的一定的思想品德的教育逻辑指向。其次是从现实的角度出发，它是逻辑指向的现实路线，是思想政治教育运动过程的综合组织模式。教育者和受教育者依据一定的教育客体开展教育信息的互通和共享，促进思想政治教育矛盾的发展和解决，最终目标是提高教育对象的思想素质。

在探析中华优秀传统文化融入“概论”课教学的路径时应注意路径偏重内在，具有必然性特征、指向特征。故此，在探讨中华优秀传统文化融入“概论”课教学的路径时，应当立足思想政治教育活动要素，着重从思想政治教育主体、客体和环体出发探析中华优秀传统文化与“概论”课融合的路径。

1. 提高教师的传统文化素养

思想政治教育活动的主体是广大思想政治教师，教师对优秀传统文化的掌握及运用能力，直接影响“概论”课的教学水平和学生听课的积极性。教师处在教育和教学的最前沿，是传播和灌输中华优秀传统文化和马克思主义理论践行者，教育者的传统文化素养的高低影响并决定着受教育者的传统文化素养的培养。

如何将大学生中华优秀传统文化教育与思想政治理论教育相结合落到实处，关键之一在于拥有一支优秀的思想政治教师队伍。一方面，这支教师队伍应在具备良好的专业造诣和马克思主义理论水平的同时，拥有深厚的中华传统文化功底。他们可以将马克思主义理论与中华优秀传统文化有机地融合在思想政治教学中，也可以对中华传统文化进行科学的分析与判断，充分了解并认识到中华传统文化的精华及其缺陷，可以借助中华优秀传统文化的理念和思想推进思想政治教育学科的研究，并运用在教育和教学之中，达到对学生潜移默化的影响，形成科学精神与人文精神的交叉渗透。教育者应当重视中华优秀传统文化的价值，并且以尊重的态度对待中华优秀传统文化，加强教育者自觉对大学生进行中华优秀传统文化教育的意识。另一方面，教育者的道德品质、个人修养、政治意识、治学态度及世界观、人生观、价值观都在潜移默化地影响着学生。大学时期是学生的世界观、人生观和价值观的定型期，在此期间产生的影响是深远的。教育者应以身作则，严格要求自己，遵循职业道德，为人师表，躬身实践，成为学生的良师益友。在提高自身素养的同时，指导学生养成良好的为人处世、严谨治学、交友爱人、严于律己的道德品质。

一名优秀的思想政治理论课教师，应具备高尚的思想道德修养，同时也应具有深厚的中华优秀传统文化功底和较高的马克思主义理论造诣，若能够将这三者有机融合，那么“概论”课的教学就可以达到事半功倍的效果。

2. 增强学生的自主学习意识

学生是思想政治教育的客体，在思想政治教育活动中具有主观能动性和自主选择性，受教育者会根据自身需要对教育内容进行获取并对教育的效果进行评价，也就是说学生是检验中华优秀传统文化融入“概论”课教学是否有效的唯一检验者。

如何使学生从内心深处认同我们的中华优秀传统文化与马克思主义中国化的理论成果？其一，受教育者能够准确分辨什么是优秀的中华传统文化、中华美德的内容，又有哪些是中华文化中的糟粕，是需要剔除的东西，只有清楚且准确地分辨出中华优秀传统文化，认识、理解并且从内心认同中华优秀传统文化，才会认识到中华传统文化中优秀成果一直存在于中华文明几千年的发展与延续之中，而且中华优秀传统文化强大的优越性有利于中国社会发展进步，有利于丰富中国精神的内涵，有利于维护中国团结统一的政治局面，有利于巩固中华多民族繁荣共存的和谐大家庭。其二，受教育者要认同马克思主义中国化系列理论的科学性、进步性和优越性，是建立在中国具体国情上，经过实践论证的科学理论，具有马克思主义的基本特征。全球化的浪潮使得各种文化、思想、意识、理念产生碰撞，在这种激烈的文化碰撞中，受教育者需要站在马克思主义提出的人类社会发展规律的高度来认识世界的变化和趋势，始终坚定自己的理想信念，从而能够正确认识到目前资本主义经济、制度发展的现实，更要正确认识资本主义社会的基本矛盾及其最终必然走向衰亡的历史趋势；同时也要正确认识社会主义事业具有长期性、艰巨性和复杂性的特点，社会主义发展过程中会出现的曲折和反复，更要正确认识社会主义制度具有强大生命力和巨大优越性，社会主义的发展前途是光明的。受教育者应当深刻认识到马克思主义中国化系列理论成果，既坚持了科学社会主义的基本原则，又根据我国实践经验和时代特征形成了鲜明的中国特色，这是引领中国社会不断发展奋进、引领中华民族实现伟大复兴的科学理论，因此要始终不为所有风险所惧、不被所有干扰所惑，坚定不移地沿着中国特色社会主义道路勇往直前。

只有受教育者本身对中华优秀传统文化和马克思主义中国化的理论体系有一定的认同和理解，两者的融合才能更加流畅与顺利。

3. 创造传统文化氛围浓厚的校园环境

思想政治教育环体，也就是思想政治教育环境，是思想政治教育教学的外部环境，是影响思想政治教育进程与效果的客观基础。思想政治教育环境与思想政治教育紧密联系、相互作用，具有突出的时代特征。

思想政治教育环境按照不同的分类方式，有不同的类型，本文主要探讨大学生思想政治教育最集中的环境——学校或者说校园。

思想政治教育应该与校园文化环境相互匹配、相互兼容。因为受教育者绝大部分时间是生活在学校之中，校园环境的各种因素，都在直接或者间接地影响着学生的心理、思想及行为习惯，打造良好的校园环境是进行中华优秀传统文化与“概论”课教学相融合的重要途径之一。

因此，可以将中华优秀传统文化与“概论”课教学融合相关的内容通过校园环境展示出来，例如在学校主要道路和学生活动中心，增加相应的景观设计；在校内宣传栏开展关于中华优秀传统文化展示的专栏，校园热门公众号、校园广播可以开设开展中华优秀传统文化相应的介绍栏目；也可以通过学生组织、社团，开展丰富多样的校园文化活动，如国学知识讲座、传统文化知识竞赛、历史故事微电影等。

当学生身处传统文化氛围浓厚的校园中，接受了多种优秀传统文化信息的熏陶，这时就会对优秀传统文化的认识有一定的提升，从而使学生在理解中华优秀传统文化与“概论”课相互融合的内容时更加容易，也使两者的融合更加自然。

（二）中华优秀传统文化融入“概论”课教学的方法

“方法”指为达到目的而采取的途径、步骤、手段等。思想政治教育方法就是指思想政治教育运行的方式。它是教育者为了实现教育目标、传递教育内容，对教育对象所采取的思想方法和工作方法。

思想政治教育方法是思想政治教育的基本要素，它可以激活、联结和调动思想政治教育其他诸多要素，共同进入思想政治教育活动之中，直接对思想政治教育的效果产生影响。在思想政治教育中，思想政治教育方法可以分为多个类别，基本方法包括理论教育法、实践教育法、批评与自我批评法，具体方法包括疏导教育法、比较教育法、典型教育法、激励教育法、感染教育法等。

1. 对比古今中外，凸显中国特色

比较教学法是思想政治教育中多次采用的一种具体方法，它将两种以上的不同理论、现象、事物的本质、特征进行对比鉴别，以求得出科学的结论，从而提高思想认识。马克思主义必须在斗争中才能发展，不但过去是这样，现在是这样，将来也必然还是这样。正确的东西总是在同错误的东西做斗争的过程中发展起来的。真的、善的、美的东西总是在同假的、恶的、丑的东西相比较而存在、相斗争而发展的。

在进行课程讲解时，注意进行古今对比、中外对比，在对比中找差异，在对比中加深理论理解，有利于鉴别对错，分辨优劣，厘清差别，检验认识的正确和错误，凸显马克思主义中国化系列理论成果的科学性与正确性。

科学发展观提出的“以人为本”就是以最广大人民的利益为本。将“以人为本”与“以民为本”对比起来看，党提出的“以人为本”体现了马克思主义关于人本质的想法，需要激发广大群众的创造性和实现广大人民群众的根本利益；传统的“以民为本”思想则是中华传统文化中含有积极意义的部分，是封建社会统治者实现治国利益、国家稳定需要的策略。

以人为本，体现了马克思主义历史唯物论的基本原理，体现了我们党全心全意为人民服务的根本宗旨和我们推动经济社会发展的根本要求。坚持以人为本，就是要坚持发展为了人民，始终把最广大人民的根本利益放在第一位；就是要坚持发展依靠人民，从人民群众的伟大创造中汲取智慧和力量；就是要坚持发展成果由人民共享，着力提高人民物质文化生活水平；最终为了实现人的全面发展。这样不仅让学生从传统文化的角度了解了“以人为本”的历史元素，同时可以让学生对“以人为本”是科学发展观的核心这个问题有更深刻的理解。

2. 巧用传统故事，生动课堂教学

典型教育方法也叫示范教育方法，感染性、可接受性强，是将抽象的理论转化为生动的典型人物或者案例并借用其中的含义进行教育，从而引发人们思想情感的共鸣，指导人们学习、对照和效仿。

“概论”课教学内容的核心是马克思主义中国化理论，教学目的是让学生全面了解马克思主义中国化的系列理论成果，认识到这系列理论成果是一脉相承和与时俱进的，其理论精髓在于实事求是。虽然绝大多数思政科教师可以将这一系列的理论进行深刻且系统的讲解，但是单从理论到理论这样的授课方式会让学生感到乏味、毫无兴趣，教学效果并不理想。所以，可以采用学生喜闻乐见的方式，巧妙结合传统文化故事，让课堂教学生动、丰富起来。

在讲解社会主义核心价值观的内容时，完全可以借用古人的事例进行教学。例如，爱国主义是我国传统文化的主要内容。我国历史上曾出现许多著名的爱国主义者和民族英雄，如爱国诗人屈原、陆游，不辱使节的苏武，反抗侵略的杨家将，精忠报国的岳飞、文天祥等，他们都是爱国精神的杰出代表。

诚信也是中华传统文化的重要内容，中国成语中有着一诺千金、一言九鼎等关于诚信的词语，关于诚信的古人故事也有不少，例如“立木为信”的故事。春秋战国时期，战争频发、人人自危，商鞅在秦孝公的大力支持下进行变法，为达到树立威信、推进改革的目的，商鞅命令官兵在秦国都城南门外竖起一根三丈长的木头，并且当众承诺：如果有人能把这根木头从南门搬到北门，就可以得到十两赏金。围观的人很多，但是大家都不肯出手尝试，并不相信这么简单就能得到如此高的赏金。于是，商鞅便提高了赏赐金额，只要有人搬走木头就可以得到五十两赏金。受到高额赏金的利诱，终于有人站了出来，将木头从南门搬到了北门，商鞅立刻给了他五十两金。借由这件事，商鞅在民众心中树立起了威信，变法也很快推行开来。秦国在商鞅变法之后逐渐强大，最终统一六国，成为霸主。

讲到友善，则不得不提到“将相和”的故事。蔺相如在渑池会上又立了功，赵王封蔺相如为上卿，职位比廉颇高。廉颇很不服气，他对别人说：“我廉颇攻无不克，战无不胜，立下许多大功。他蔺相如有什么能耐？就靠一张嘴，反而爬到我头上去了。我碰见他，得给他个下不了台！”这话传到了蔺相如耳朵里，蔺相如就请病假不上朝，免得跟廉颇见面。有一天，蔺相如坐车出去，远远看见廉颇骑着高头大马过来了，他赶紧叫车夫把车往回赶。蔺相如手下的人表示不解，他们说道：蔺相如怕廉颇像老鼠见了猫，为什么要怕他呢！蔺相如说：“诸位请想一想，廉将军和秦王比，谁厉害？”他们说：“当然是秦王厉害！”蔺相如说：“秦王我都不怕，会怕廉将军吗？大家知道，秦王不敢进攻我们赵国，就因为武有廉颇，文有蔺相如。如果我们俩闹不和，就会削弱赵国的力量，秦国必然乘机来打我们。我所以避着廉将军，为的是我们赵国啊！”蔺相如的话传到了廉颇的耳朵里。廉颇静下心来想了想，觉得自己为了争一口气，就不顾国家的利益，真不应该。于是，他脱下战袍，背上荆条，到蔺相如门上请罪。蔺相如见廉颇来负荆请罪，连忙热情地出来迎接。从此以后，他们俩成了好朋友，同心协力保卫赵国。

类似上述列举的古人的小故事不胜枚举，其中不少都蕴含着社会主义核心价值观的内容，巧妙利用传统文化故事，树立典型，可以使课堂更加生动，使学生更易接受教学内容。

3. 重视实践教学，增强教学实效

实践教育法就是有计划、有组织地引导人们积极参加社会实践活动，在实践活动中不断提高思想觉悟和认识能力的方法。意识是客观存在在人头脑中的反映，只有通过实践才能透过事物的表象看到事物的本质和规律，从而形成正确的意识。只有社会实践，才是人的正确思想的来源。做好实践教学，在实践中提升学生对马克思主义中国化系列理论的认识，使学生形成崇高的理想和信念，增强教学实效。

“概论”课的教学目标不仅是提升受教育者的思想政治理论素养，同时也要培养受教育者看待问题、分析问题和解决问题的实际能力。当前的“概论”课教学，更多是偏重理论的传授，实践教学的比例比较小，但是多数学生一直生活在“象牙塔”之中，社会阅历不足、实践经验不够，不能很好地从身边实际出发，理解“概论”课的教学内容，因此重视实践教学，有利于增强教学实效。同时要在课内、课外两个课堂都加强实践教学，例如在课内实践层面，可以举办一些专题讲座、课堂辩论、演讲分享等，增强课堂互动，充分调动受教育者在课堂上的积极性；在课外实践层面，可以要求受教育者进行田野调查、到爱国主义教育基地和博物馆参观、参加校园文化活动等等，有助于受教育者更好地了解传统文化，从而与课堂教学内容结合起来，理解马克思主义中国化系列理论体系中的传统文化因素。教育者需要将实践教学当作巩固课堂理论教学内容的重要一环，使受教育者在实践教学的过程中，深刻认识“概论”课教学内容中所折射出的中国历史文化传统、中华美德、中国精神等相关内容。通过开展丰富多样的教学实践活动，可以使受教育者对中华传统文化有更广泛和更深刻的了解，从而促进他们在意识、行动上的转化和统一，更加透彻地理解马克思主义中国化理论深深根植于中国传统文化之中的道理，增强教学实效。

除此之外，新的历史条件下，互联网技术、新媒体技术迅速发展，在教学的过程中，可以采用“互联网+”的方式，将优秀传统文化通过新媒体手段融入课程之中，例如结合课程内容选择相关优秀传统文化的“慕课”“微课”甚至是动画视频，使课堂更加生动有趣，提高学生的学习兴趣。

中华优秀传统文化融入“概论”课教学并不是一味地生拉硬扯、生搬硬套，只有按照科学、合理的路径和方法进行，才能真正在“概论”课教学中做到“春风化雨，润物无声”，使学生从心底认同和接受中国特色社会主义理论。

第八章
高校思政“原理”课中优秀传统文化的融入

第一节　“原理”课与马克思主义中国化时代化

一、马克思主义基本原理

（一）马克思主义基本原理的界定

马克思主义从内容上看，是由马克思主义哲学、政治经济学及科学社会主义三个部分构成的科学体系。在马克思主义科学体系中，哲学是世界观和方法论的指导原则，政治经济学是哲学通向实际生活（对资本主义的剖析）的中介，而关于无产阶级解放运动的性质、条件和使命的社会主义理论则是运用哲学分析经济事实引出的结论。这三者之间在理论上和逻辑上是严密的、完整的、一贯的。它们相互渗透、相互补充，构成统一的马克思主义学说。

马克思主义基本原理是马克思主义理论体系中最基本、最核心的内容，是对马克思主义的立场、观点和方法的集中概括。它体现马克思主义的根本性质和整体特征，体现马克思主义科学性和革命性的统一。其中，马克思主义基本立场是马克思主义基本观点的根本立足点和出发点，马克思主义基本观点是马克思主义基本方法的理论基础，马克思主义基本方法是马克思主义基本立场和基本观点的体现和运用。简单地说，理解马克思主义基本原理就是从基本立场、基本观点、基本方法三方面统一去把握，即维护无产阶级和人民大众利益的马克思主义基本立场，包括马克思主义实践观等观点在内的马克思主义基本观点，包括实事求是等方法在内的马克思主义基本方法。马克思主义基本原理是马克思主义理论教育中最基础、最重要的核心内容，大学生应努力学习并以此作为自己的“看家本领”，去分析和解决实际生活中遇到的各类问题。

必须注意的是，理解马克思主义基本原理不能割裂马克思主义，要从整体上把握马克思主义。既要从三个组成部分的统一中去把握，也要从科学性和革命性的统一中去把握，更要从基本立场、基本观点和基本方法的统一中去把握。

（二）马克思主义基本原理的基本内容

马克思主义的基本立场。始终站在人民大众的立场上，一切为了人民，一切相信人民，一切依靠人民，全心全意为人民谋利益。唯物史观认为，社会物质生活决定社会精神生活，而社会物质生活主要是物质资料的生产活动，由生产力和生产关系两方面的辩证统一构成。生产力决定生产关系，并通过占主导地位的生产关系形成经济基础，最终决定上层建筑，因而生产力是社会发展的最终决定力量。而人民群众是生产力的主体，所以是推动生产力发展的决定力量，是变革旧的生产关系进而变革旧的社会制度和旧的思想观念的社会力量。生产关系一定要适应生产力发展的要求、上层建筑一定要适应经济基础发展的要求，是人类社会发展的基本规律，因而尊重规律就必须尊重作为生产力主体的人民群众的历史地位，始终从最广大人民群众的根本利益出发。这种鲜明的政治立场，是马克思主义本质的内在要求，是马克思主义政党的根本体现。马克思、恩格斯在《共产党宣言》中明确提出共产党人始终坚持为无产阶级、为绝大多数劳动人民谋利益；列宁强调党是无产阶级的先进部队，要为人民群众服务；毛泽东同志要求共产党人必须全心全意为人民服务；邓小平同志提出必须把人民拥护不拥护、赞成不赞成、高兴不高兴、答应不答应作为衡量改革和一切事业的根本标准；“三个代表”重要思想把始终代表最广大人民根本利益作为其核心；科学发展观强调必须把最广大人民的根本利益作为贯彻落实科学发展观的根本出发点和落脚点；习近平同志要求牢牢把握人民群众对美好生活的向往，以新发展理念引领发展，一步步实现以人民为中心的发展，在全面建成小康社会的基础上，不断朝着全体人民共同富裕、社会全面进步的目标前进。

马克思主义的基本观点。它是关于自然、社会和人类思维规律的科学认识，是对自然界规律和人类社会实践经验的科学总结。主要包括：第一，马克思主义实践观。实践是人们能动地改造世界的客观物质性活动。这一观点在总体上是马克思主义科学性与革命性统一的基础，在唯物论中是物质与意识统一的基础，在认识论中是认识产生和发展的基础，在唯物史观中是人的存在方式、是社会生活的本质。第二，主观与客观相统一的物质观。从内涵看，物质是标志客观实在的哲学范畴；从外延看，物质包括人的感官能够直接观察到的或借助仪器能够观察到的一切现象和人类的全部社会实践活动。从实践上看，物质和意识是统一的，物质决定意识，意识对物质具有能动作用。第三，联系和发展的辩证观。

联系是指事物内部各要素之间和事物之间相互影响、相互制约和相互作用的关系，发展是前进的和上升的运动，发展的实质是新事物的产生和旧事物的灭亡。第四，认识与实践相统一的认识论。认识发展的基本规律：认识运动是一个辩证发展的过程，从实践到认识，从认识到实践，实践、认识，再实践、再认识，一步步前进、上升。第五，唯物史观。唯物史观是马克思的两大发现之一，马克思以社会存在与社会意识的关系为出发点，揭示了生产力与生产关系、经济基础与上层建筑的矛盾，人类社会发展的两大基本规律和社会发展的动力体系，并在此基础上提出了群众史观。第六，劳动价值论。基本内容主要有："价值实体是抽象的一般人类劳动""价值量是由社会必要劳动时间决定的""价值形式及其历史的发展""价值的社会本质""价值规律"。第七，剩余价值学说。剩余价值学说是马克思的两大发现之一，包括剩余价值的生产理论、剩余价值的实现理论、剩余价值的分配理论。第八，社会革命理论。生产力决定生产关系，社会化大生产要求对资本主义私有制进行变革，但资本主义不可能自发地改变这种制度，所以只有通过社会革命才能最终解决，由此推动社会发展。第九，共产主义理想。建立在对人类社会发展规律认识的基础上，以实现物质财富极大丰富、人的精神境界极大提高、每个人自由全面发展为基本特征的，人类最美好、最崇高的社会理想。它反映了人类社会发展的必然趋势，是无产阶级和人类解放的最终目标，是中国共产党的最高纲领。共产主义的实现是一个漫长的过程，因而要把坚定共产主义的理想信念与中国特色社会主义共同理想结合起来。

马克思主义的基本方法。它是建立在辩证唯物主义和历史唯物主义世界观、方法论基础上的思想方法和工作方法。主要有实事求是的方法，既强调一切从实际出发，又注重发挥人的能动性；以矛盾分析方法为核心的辩证分析方法，注重事物之间的联系发展，强调全面地分析问题、解决问题，运用这种方法认识世界或者思考人生可以在很大程度上避免走极端的情况，具体包括重点论与两点论相结合的方法、一分为二的方法、内因与外因相结合的方法等，当然这也并不是说让我们去套用一方面另一方面或者积极消极等辩证词语，而是要具体问题具体分析；与马克思主义能动的反映论对应的在实践中发现真理、检验真理、发展真理的方法；历史分析的方法，也就是从经济和生产力发展的维度去分析问题的方法；与阶级的观点对应的阶级分析的方法，由于阶级斗争在一定范围内仍然存在，我们就不能忽略阶级分析的方法；与群众观点对应的从群众中来、到群众中去的方法等。

马克思主义基本立场、基本观点、基本方法是有机统一的，只有把它们结合起来理解，才能从根本上把握马克思主义基本原理的真谛。比如，理解马克思主义基本立场，就必须联系唯物史观和群众观点及方法来认识和把握。在高校马克思主义教育教学中，教师要引导大学生真正理解马克思主义基本立场、观点和方法，不能简单地让大学生识记知识点，否则他们就无法真正把握马克思主义基本原理的精粹，而只能肤浅地认识马克思主义的皮毛。

二、马克思主义基本原理教学

“原理”课程是高校马克思主义教育教学的载体。国家在2005年对高校思想政治理论课进行了改革，在整合原“马克思主义哲学”和“马克思主义经济学”课程，并增加了科学社会主义理论的基础上，新开设了“原理”课。下面就“原理”课教学的教材、教学目标、基本任务、教学要求等情况做简要阐述。

（一）“原理”课教学的教材

“原理”课教材《马克思主义基本原理概论》，是作为中央马克思主义理论研究和建设工程，作为中国特色哲学社会科学教材体系建设的重点，由教育部组织全国高校和哲学社会科学界专家教授精心编写，并经中共中央政治局常委审定，由高等教育出版社出版，全国高校“原理”课教学统一使用的指定教材。教材出版后，随着中国特色社会主义的实践发展和理论创新，结合高校“原理”课的教学实践多次修订完善，体现了马克思主义中国化的最新理论成果和实践经验，突出了马克思主义基本原理教学的重点内容，贴近大学生的生活实际，具有很强的现实性。

（二）“原理”课教学的教学目标

从马克思主义基本原理的角度出发帮助大学生认识和理解“什么是马克思主义？为什么要始终坚持马克思主义？如何坚持和发展马克思主义？掌握马克思主义的世界观和方法论，从整体上把握马克思主义的科学内容和精神实质”。“原理”与“毛泽东思想和中国特色社会主义理论体系概论”“中国近现代史纲要”“思想道德修养与法律基础”四门思想政治理论课各有分工，但又有机统一，一起帮助大学生坚守马克思主义信仰，坚定共产主义信念，坚持中国特色社会主义共同理想，坚信中国共产党的领导，自觉树立和践行社会主义核心价值观，最终实现把大学生培养成社会主义事业合格建设者和可靠接班人的目标。

（三）“原理”课教学的基本任务

首先，把握“一个主题”，即什么是马克思主义，为什么坚持马克思主义，怎样坚持和发展马克思主义。毛泽东指出，马克思列宁主义是指导中国共产党的理论基础；邓小平同志强调，无论在什么时候都要坚持马克思主义基本原理；江泽民同志指出，一定要以马克思主义为指导，把马克思主义基本原理与我国的实际情况结合起来；胡锦涛同志强调，从改革开放和现代化建设的具体出发，着眼于马克思主义的实际运用，以现阶段的实践丰富马克思主义；习近平总书记指出，必须坚持文化自信，坚持马克思主义基本原理，运用马克思主义的立场、观点、方法解决实际问题。因此，“原理”课只有牢牢地把握这一主题，才能把握“原理”课教学和课程建设的方向。

其次，贯穿“一条主线”，即“教育引导大学生正确认识人类社会发展的客观规律”。马克思主义总结了人类社会发展的实践经验，在正确分析资本主义的基础上，揭示了人类社会发展的客观规律，为人类社会的发展指明了方向。所以，在“原理”课教学过程中，一定要着重讲授辩证唯物主义和历史唯物主义的基本原理，在帮助大学生真正理解的基础上，把握社会主义代替资本主义的历史规律，树立社会主义和共产主义信念，坚定马克思主义信仰。为此，要引导大学生从人类社会发展规律的高度来认识当今世界的变化及其趋势，在大学生关注当代资本主义经济、科技、军事等发展的同时，引导大学生深刻认识资本主义自身内含的基本矛盾，以及最终被社会主义替代的历史必然性，树立中国特色社会主义的共同理想和共产主义的崇高理想；在大学生把握社会主义代替资本主义的历史必然性，看到社会主义优越性的同时，引导大学生深刻认识社会主义发展的曲折性、反复性，从而认识建设社会主义事业的长期性、艰巨性、复杂性。

最后，突出“一个重点”，即马克思主义世界观和方法论。从本质上讲，马克思主义运用辩证唯物主义和历史唯物主义基本原理，揭示了资本主义和社会主义的发展趋势与规律，因而具有世界观和方法论的意义。为此，在“原理”课教学过程中，不但要讲授辩证唯物主义和历史唯物主义这一根本的世界观和方法论，而且要讲授贯穿在马克思主义资本主义论和社会主义论中的世界观和方法论。在坚持一个主题、一条主线的前提下，以辩证唯物主义和历史唯物主义为基本线索，将政治经济学和科学社会主义的内容融入对辩证唯物主义和历史唯物主义的讲授之中，实现重点讲授辩证唯物主义和历史唯物主义的教学目标。

（四）“原理”课教学的教学要求

使“原理”课成为大学生真心喜爱、终身受益的课程，是教育部开设这门课程的总体要求。“原理”课教学最重要的就是“以人为本”，即以学生和教师为本，特别是要把学生作为主体，因为开设“原理”课最重要、最直接的目的就是为了大学生的发展。“原理”课教学必须让授课内容贴近大学生生活实际，贴近社会生活实际，答疑解惑，帮助大学生把个人理想与社会理想统一起来，这样才能把“原理”真正讲到大学生的心里，使大学生从内心接受“原理”课，把学习“原理”课转化为自觉自主的行动。这样的“原理”课教学，才能成为对大学生成长最有帮助的课程。

使“原理”课成为对大学生成长最有帮助的课程，同时就要使“原理”课成为对大学生最具吸引力的课程。这就要求：首先，要以理服人。热爱真理是大学生的共同特点，马克思主义是科学真理，能够满足大学生对真理的渴望，因而对大学生来说应该具有不可抗拒的吸引力。教师要善于运用真理和逻辑的力量，论证马克思主义的科学性，阐明马克思主义的真理性，这样才能把道理讲到大学生的心里，让大学生相信、信仰。其次，要以情动人。“原理”课的教学内容相对比较抽象、深刻，不容易被大学生把握；同时，受社会生活中一些非社会主义思想的影响，大学生对马克思主义的认识可能会产生一定偏差。这就要求教学过程既要运用真理、逻辑的力量，呈现马克思主义的科学性；又要运用情感、艺术的力量，呈现马克思主义的人文关怀。为此，教师要善于借助马克思主义理论中蕴含的深厚内涵和情感资源，以及马克思主义创始人与继承者的生平资料及崇高人格魅力，借助对中国特色社会主义发展巨大成就的喜悦之情，借助对大学生健康成长、成才的关怀之心来讲授“原理”课，让马克思主义科学真理真正贴近大学生的实际生活而“活起来”。最后，要以高超的教学艺术感染人。对“原理”课进行课程建设和教学改革，改变原有单纯灌输的教学模式，通过指导大学生自学马克思主义经典著作、参加社会实践等形式，发挥大学生的主体性作用；通过利用现代信息技术，创新教学手段，增强教学过程的吸引力；通过不断提高教师的个人修养，增强教学语言的思想表达能力和情感传递能力，在思想与艺术的交融中使“原理”课教学充满魅力。

三、中华优秀传统文化融入高校“原理”课程教学的意义

马克思主义必须与中国的民族文化相结合才能在中国得到充分发展，中华传统文化只有以马克思主义为指导才能实现自身的现代性转换。所以，马克思主义与中华传统文化的结合具有必然性。高校马克思主义教育教学是马克思主义发展的重要内容，将中华优秀传统文化融入高校马克思主义教育教学具有十分重要的意义。

（一）丰富高校马克思主义教育教学的内容

通过日积月累逐渐形成的中华优秀传统文化历经沧海桑田，思想精深，具有鲜明民族特色，与高校马克思主义理论教育在概念等方面存在很大差异，但在精神上、思想上不乏共通性，两者并行不悖、殊途同归。比如，中华优秀传统文化“有无相生，难易相成”中

的“有”与“无”和“难”与“易”都是两个相互对立的概念，但它们又是统一的，在一定条件下相互转化，这与马克思主义教育教学中的“矛盾学说”是相通的。在讲授“马克思主义基本原理概论”哲学部分“矛盾双方的对立统一”时，可以融入中华优秀传统文化的这些相关内容。在高校思想政治教育教学过程中将马克思主义教育教学与中华优秀传统文化结合起来进行讲授，不仅能够满足大学生对中华优秀传统文化认识的需求，更能够加深大学生对马克思主义基本原理知识的理解。这有利于拓展马克思主义教育教学的空间，丰富高校马克思主义教育教学的内容。

（二）增强高校马克思主义教育教学的吸引力和实效性

一方面，中华优秀传统文化具有直观、形象的特点，它易于接受、影响广泛，为人民群众所喜闻乐道。结合中华优秀传统文化讲授马克思主义基本原理相关知识，有利于增强马克思主义教育教学的吸引力。另一方面，中华优秀传统文化具有潜移默化的特点，大学生从小就对中华优秀传统文化耳濡目染，对抽象的马克思主义基本原理知识更为熟悉，在教育教学过程中结合中华优秀传统文化进行讲授可以调动大学生的学习积极性，增强马克思主义教育教学的实效性。比如，在讲授马克思主义群众观点和群众路线时，可以融入中华传统文化的“民本思想”。“君者，舟也；庶人者，水也。水能载舟，亦能覆舟”“己所不欲，勿施于人”等这些妇孺皆知的中华优秀传统文化与马克思主义唯物主义的群众史观相契合。在讲授马克思主义哲学部分“思维和存在的关系问题”时，可以融入中华优秀传统文化的“天人合一”思想，“天”和“人”的对立统一与“思维”和“存在”的辩证关系相通。融入家喻户晓、脍炙人口的中华传统文化讲授马克思主义理论知识，有助于培养大学生的学习兴趣，增强马克思主义教育教学的吸引力和实效性。

（三）深化大学生对马克思主义中国化的理解

马克思主义中国化，在某种意义上说就是把马克思主义同中国历史、中国现实、中华传统文化结合起来。其中，在马克思主义与中华传统文化结合的过程中，中华传统文化经过马克思主义的改造和提升实现现代化，马克思主义也更是由此得到丰富和发展。也就是说，马克思主义与中华传统文化的结合是中华传统文化实现自身发展的内在要求，也是马克思主义中国化的应有之义。因此，大学生要想深刻理解“马克思主义中国化”的问题，就必须把握马克思主义与中华传统文化的结合，这内在地要求大学生既精通马克思主义理论，又熟悉中华传统文化，并在此基础上对这两种文化进行对比分析、归纳总结，特别是通过对中华传统文化的梳理和扬弃，完善和发展马克思主义理论。在高校马克思主义教育教学中融入中华优秀传统文化，可以增进大学生对中华优秀传统文化的认识，帮助大学生更好地理解马克思主义中国化的问题。

（四）增强大学生文化自信的自觉性

马克思主义教育教学能帮助大学生理解和把握马克思主义，从源头上找到文化自信的指导思想。中华优秀传统文化是中华民族五千多年历史积淀的精粹和灵魂，与高校“原理”课程教学的基本内容相契合，是提振大学生文化自信的宝贵资源，是培养大学生文化自信的“根”，能够为大学生今后的成长和发展提供科学指引。但随着中国改革开放的深入和发展，在大学生的竞争意识和积极性明显提高的同时，也有部分大学生全面接受了西方文化，开始怀疑中华传统文化的存在价值。对此，我们应该从中华传统文化中寻找培养大学生文化自信的资源，比如儒家主张“仁”的思想和“父母在，不远游”的孝悌思想等。对大学生进行中华优秀传统文化教育，让他们切实感受中华优秀传统文化所蕴含的丰富资源和宝贵价值，能够帮助大学生形成正确的价值判断体系，进而真正认同本民族的优秀文化，增强文化自信的自觉性，坚定为中华“文化自信”不懈努力的理想和信念。

（五）培养大学生的爱国主义思想和民族自豪感

把中华优秀传统文化贯穿到马克思主义教育教学中，让大学生在不知不觉中感受中华优秀传统文化的深厚底蕴。比如，在“马克思主义国家学说”的讲授中，融入岳飞“精忠报国”的故事等爱国主义文化，这些中华优秀传统文化与马克思主义理论“国家具有阶级性”相契合。在讲授“马克思主义实践观”时，可以融入“纸上得来终觉浅，绝知此事要躬行”“不闻不若闻之，闻之不若见之，见之不若知之，知之不若行之”等中华优秀传统文化。大学生通过对中华优秀传统文化的学习，可以真切地体会到我们国家文化的精深，感受到我们祖国的强大。这有利于培养大学生的民族自豪感，克服存在于个别同学心中的民族自卑心理，进而激发大学生的爱国主义热情。

第二节　高校思政“原理”课课堂中优秀传统文化的融入

一、中华优秀传统文化融入高校“原理”课程教学的必要性

中华优秀传统文化融入高校“原理”课程教学具有现实的必要性，它是马克思主义中

面发展。马克思主义追求的根本价值目标是实现人的自由全面发展，包括人智力和体力的发展、自身才能和工作能力的发展、社会关系和社会交往的发展等，是社会发展与个人发展的真正统一，可以帮助大学生从个性发展、综合能力发展、和谐发展等方面不断丰富和完善自己。

中华优秀传统文化，在某种程度上可以说是关于如何做人的文化。它从两方面促进大学生的全面发展：一方面，关注人精神生活中非理性因素对人全面发展的重要作用。人都是有感情的，没有感情的人和社会是不存在的。中华优秀传统文化中有很多关于情感的论述，比如儒家孟子提出的“四端”，其中“三端”是关于情感问题的，分别是恻隐之心、羞恶之心、辞让之心。中华优秀传统文化中也不乏关于意志的论述，比如“有志者，事竟成”等。另一方面，帮助大学生提升人生境界。中华优秀传统文化提升人生境界的重要方法就是发挥道德教化的作用。儒家特别重视道德的教化作用，把它放在治国理政的第一位，认为“为道”就是关于怎样做人的学问，也就是如何提升道德。孟子认为人和动物的根本不同就在于人有道德，人若没有道德，那就和动物没有什么区别了。

大学生的全面发展要求大学生做到理性和非理性的和谐统一，不能缺少理性，也不能缺少非理性。缺少理性，大学生就无法正确认识世界，无法树立正确的世界观、人生观和价值观；缺少非理性，大学生在生活和工作中就没有动力，缺少热情，成为纯粹理性的思维机器。马克思主义理论注重理性，中华优秀传统文化注重非理性，两者对于大学生全面发展的指导各有侧重。因此，在高校马克思主义教育教学中融入中华优秀传统文化，是促进大学生全面发展不可缺少的一个方面。

（四）高校思想政治理论课课程建设和改革的迫切要求

高校思想政治教育教学必须坚持马克思主义指导地位，坚持贴近实际、贴近生活、贴近学生，不断加强高校思想政治教育教学的说服力和感染力，帮助大学生树立体现中华民族优秀传统和时代精神的价值标准。中华优秀传统文化因其渗透性强、贴近实际、注重对人道德的培养及形象、生动的特点，所以具有深刻的影响力和强烈的感召力。将中华优秀传统文化融入高校“原理”课程教学，可以进一步丰富这门课程的教学内容和教学方法。

把中华优秀传统文化的教育融入课程与教材，分学段有序推进中华优秀传统文化教育。在大学时期高校应致力于提高大学生的中华优秀传统文化学习能力与探究能力，帮助大学生把握中华优秀传统文化和马克思主义的关系，引导大学生坚定为实现中华民族伟大复兴而力争上游的信念。

在思想政治教育教学中必须坚持马克思主义的指导地位，弘扬中华优秀传统文化，断推进中华优秀传统文化融入高校思想政治教育教学。

由此可见，将中华优秀传统文化融入高校“原理”课程教学是新形势下高校思想政治教育课程建设和改革的必然要求。

二、中华优秀传统文化融入高校“原理”课程教学的可能性

中华优秀传统文化具有朴素的唯物、辩证思维方式，注重人的社会伦理道德，追求“天下为公”的“大同社会”等，这些思想在很多地方都是与马克思主义理论相通的，为中华优秀传统文化融入高校马克思主义教育教学提供了可能。

（一）中华优秀传统文化的朴素唯物论与马克思主义辩证唯物论的契合性

中华优秀传统文化中包含着历史悠久的朴素唯物论思想，认为世界万物都是由物质构成的。早在我国先秦时期，就有了原始的朴素唯物主义宇宙本原观，认为“地”和“水”是宇宙万物的初始。“五行学”认为，一切事物都是由“金”“木”“水”“火”“土”五种基本条件运动变化而生成的。春秋时期，老子创立的朴素唯物主义把“道”作为最高哲学范畴，认为“道”是世界万物的本原，阴阳二气也是由“道”产生的，再由阴阳二气的相互作用产生了世间万物。庄子认为，人之所以活着就是因为“气”聚集在一起，如果“气”散开了，那么人就死了。东汉王充认为，“天地合气，万物自生”把自然界看成客观存在。张载认为，天即太虚、太虚即气，提出“气”聚在一起形成世间万事万物的观点。王夫之认为，世界上万事万物都是由气构成的，除了气，什么都没有。以上这些都是中华优秀传统文化蕴含的朴素唯物论思想。

马克思主义辩证唯物论认为，世界是由物质组成的，自然界和人类社会的各种现象是物质的不同表现形态，物质决定意识，意识是对物质的能动反映。虽然中华传统文化的朴素唯物论思想具有直观性和揣测性的特征，但也并不是完全陷入唯心主义，而是认为世界是物质的，坚持物质本体论的正确方向，这一点与马克思主义辩证唯物论具有一定吻合之处。

（二）中华优秀传统文化的朴素辩证法与马克思主义唯物辩证法的相通性

中华优秀传统文化中蕴含着丰富的朴素辩证法思想。首先，关于普遍联系和运动变化的观点。普遍联系典型体现在万物一体的思想上，认为“天”“地”“人”处于同一个变化当中，董仲舒曾提出，天生之，地养之，人成之。关于事物的运动变化，《易传》中提到，世间万物的发展变化不是原地不动的循环，而是螺旋式上升，是新生的事物代替陈旧

的事物。其次，关于矛盾的观点。朴素辩证法关于矛盾运动的研究是非常有见地的，中国古代伟大的思想家老子提出了一系列对立的范畴，诸如高与下、前与后等，还有《孙子兵法》中的“奇正”“虚实”等都体现了朴素辩证法的思想。最后，关于“质量互变规律”的观点。《老子》提出“千里之行，始于足下”，千里之行也是从脚下一步一步开始的，但是“千里之行”与刚开始走就有质的区别了，虽然老子没有把这些思想总结成一个规律，但其中的确包含着对于“质变和量变”的认识。

唯物辩证法认为，事物是普遍联系和永恒发展的，对立统一规律是马克思主义唯物辩证法的实质和核心，是事物发展变化的根本规律。所有事物的发展变化都要经历一个量的积累过程，才能最终抓住机遇，促成质变。在这些方面，中华优秀传统文化的朴素辩证法与马克思主义的唯物辩证法具有一定相通性。

（三）中华优秀传统文化的知行观与马克思主义认识论的共鸣性

中华优秀传统文化的认识方法主要是强调悟性思维，但它的知行观在感性认识与理性认识、知行关系、检验真理的标准三方面与马克思主义认识论具有共鸣之处。首先，关于感性认识与理性认识。感性认识与理性认识在传统文化中表现为“见闻”和“思虑”。南宋时期著名思想家叶适提出“内外交相成”，认为人的认识是通过耳目感官的聪明和心的思维内外交互作用而完成的。明代著名学者王廷相提出“思与见闻之会”的观点，在强调“思”的同时，认为“思”与“见闻”结合才能习得真正的知识。孔子提出“学而不思则罔，思而不学则殆”，认为学习和思索同等重要，只一味阅读别人的书籍而不去推敲知识或者只斟酌而不去广泛学习都会事倍功半。必须进行广博无边的学习，并且做到精深的研究即“思虑”，才能对知识融会贯通，达到学习的真正目的。由此看出，中华优秀传统文化与马克思主义理论在感性认识与理性认识的思想上具有一定共鸣性。其次，对于知行关系的认识。中国古代的唯物主义哲学家在一定意义上认定实践是认识的基础。王夫之提出“行可兼知，而知不可兼行”，他在重视“行”的同时，辩证理解知与行的相互作用，就认识的基础和来源来看，行是先于知的；就认识的功能和作用来看，知可以指导行，他的思想是中国传统哲学中最接近辩证唯物主义认识论观点的。最后，关于检验真理的标准。中华优秀传统文化中没有“真理”这样的字眼，但有与之相对应的“真知”。孔子提出“子绝四：毋意，毋必，毋固，毋我”，认为“真知”不是个体的臆测、不是自我武断、不是固执己见，也不是自己的看法，而是对事物的客观认识。东汉王充认为，“真知”应该不唯圣、不唯书、只唯实。叶适和王廷相认为，真知必须验之于外物。这与马克思主义理论“实践是检验真理的唯一标准”相契合。

马克思主义认识论认为，感性认识与理性认识是辩证统一的，实践是认识的基础，认识对实践具有反作用，实践是检验真理的唯一标准。可见，中华优秀传统文化的“见闻”和“思虑”、知行关系、“真知”认识与马克思主义认识论具有一定共鸣性。

（四）中华优秀传统文化的和谐观与马克思主义对立统一学说的融合性

中华优秀传统文化的和谐观集中表现为“天人合一”思想和“人际和谐”思想。儒家认为人与自然具有密切联系，是自然的组成部分，但这并不是说人在自然面前只能服从，人可以发挥自己的能动性适时地对大自然进行改造，使人类的生活变得更加舒适。儒家既主张尊重和敬畏自然，又提倡对大自然进行改造，这里的“改造”，并不是对大自然进行“屠杀”和征服，而是要在顺应自然发展规律的基础上进行，追求的是天、地、人三者之间的和谐和统一，也就是说只有同时做到天人和谐和地人和谐，才能为人类的生存和生活创造良好的环境。中华优秀传统文化中的天地人和是古老中国的“对立统一”思想。在人际关系方面，中华优秀传统文化倡导“人和”，追求的理想社会是天下为公的、以“人和”为主要特征的“大同社会”。孔子一生的理想就是建立“人际和谐”的大同社会，这也是激励古代仁人志士一直渴望建立的理想社会。“人际和谐”思想扩展到与邻邦关系上就是“邻邦和谐”，中华优秀传统文化历来主张亲仁善邻、协和万邦。每个邦国的文化都有其精华和特色，国与国之间理应相互尊重、相互借鉴、共同发展。可见，这在一定程度上与马克思主义的对立统一学说相融合。

马克思主义的对立统一学说认为，矛盾双方一方面是对立的，另一方面是统一的，是既对立又统一的辩证关系。虽然中华优秀传统文化“天人合一”思想和“人际和谐”思想更注重“和谐”，但也是在承认差异的基础上强调和谐，这与对立统一学说矛盾双方既相互排斥，又相互联结、相辅相成的观点具有一定融合性。

（五）中华优秀传统文化的“民本”思想与马克思主义群众史观的共识性

中华优秀传统文化中包含丰富的“民本”思想。在儒家的典籍《尚书》中提出“民可近，不可下；民惟邦本，本固邦宁”，以此奉劝封建统治者不能脱离“民”，要与民亲近。从“民本”思想可以看出，中华优秀传统文化在很早的时候就已经意识到人民群众对于国家兴亡的重要意义。

马克思主义群众史观认为，人民群众是整个社会物质财富和精神财富的创造者，是社会变革的决定力量。中华传统文化中的“民本”思想虽然为封建君主统治服务，也没有达到马克思主义群众史观的理论高度，但很多关于“民”的思想都与马克思主义的群众史观有一定共识。

（六）中华优秀传统文化的社会历史观与马克思主义唯物史观的相似性

中华优秀传统文化的社会历史观与马克思主义唯物史观在很多方面具有相似性。首先，中华优秀传统文化中包含着对社会物质生活与社会精神生活关系的认识。“仓廪实则知礼节，衣食足则知荣辱”，这就是说物质和经济是“知礼节”“知荣辱”的前提，是伦理道德规范的基础。在此基础上，中华优秀传统文化又强调精神生活对人、对社会的重要性，比如孔子提出的“杀身成仁”，体现了对崇高人格和精神境界的追求。其次，中华优秀传统文化中包含着对于社会历史变化的探讨。墨家不支持复古主义，提出只要是对现实社会发展有好处的，都应该得到尊重和鼓励。法家大多数人认为，社会历史是一个逐步由低级阶段向高级阶段发展的过程。王夫之认为，人类社会历史不是一成不变的，而是不断向前发展的。再次，中华优秀传统文化中包含着对社会变革和阶级斗争的看法。关于社会变革，商鞅认为，国家治理有不同的方法，不是必须仿照古人治理国家的方法，只要与国家的实际情况相符合，能够促进国家发展的政策都可以采用。关于阶级斗争，法家提出“人性好利说”，根据不同的职业和资产多少划分为不同的社会阶层，这直接体现出阶级斗争的经济性质。最后，中华优秀传统文化中民本思想包含着对历史的主体力量的阐释。孟子提出“民贵君轻”，荀子进一步提出水能载舟亦能覆舟，都是强调“民”的重要性。

唯物史观是马克思的两大发现之一，马克思从社会存在决定社会意识出发，揭示了物质资料的生产是人类社会存在和发展的基础；从物质资料的生产出发，揭示了生产力与生产关系、经济基础与上层建筑的矛盾运动；从社会基本矛盾运动出发，揭示了社会发展的基本规律和社会发展的动力系统，进而提出了群众史观，强调人民群众的主体地位和对人民群众的尊重。

值得注意的是，我们不能机械地用唯物主义和唯心主义的标准去划分中华传统文化中哪一家、哪一派的思想，但前面列举的中华优秀传统文化观点的确包含着历史唯物主义的成分，这在一定程度上与马克思主义唯物史观具有相似性。

（七）中华优秀传统文化的“大同社会”思想与马克思主义共产主义理想的共通性

“大同社会”就是“大道之行也，天下为公……是谓大同”。可以看出，“公”是中华优秀传统文化“大同社会”最本质、最突出的特点，“公”表现在任用人才上，是选贤举能，推选出既有才干又有品德的人才担任职务；表现在人与人的关系上是“讲信修睦”，即人与人之间的相处恪守诚信，和谐相处。把别人的亲人和孩子当作自己的亲人和孩子一样对待，使整个社会的老年人可以安度晚年、壮年人为社会做贡献、孩子健康成长、弱势群体得到他人照顾。人人都不去争抢财物，人人都愿意贡献力量，夜不闭户，社会和谐稳定，这就是“大同社会”。

马克思主义的共产主义理想，是在坚持唯物史观和剩余价值学说的前提下，从资本主义的现实生活着手，对资本主义私有制导致的人性异化进行批判，最后在科学分析的基础上提出人类社会终将走向共产主义社会。诚然，中华优秀传统文化中的“大同社会”与马克思主义所描绘的共产主义社会存在本质区别，但从否定资本主义私有制，推动生产力发展进而变革生产关系来看，两者都是为了改变物对人的奴役，改变人性的异化，是追求平等、和谐的社会理想。因此，中华优秀传统文化的“大同社会”与马克思主义的共产主义思想在某些方面具有共通性。

三、中华优秀传统文化融入高校“原理”课程教学的思考

将中华优秀传统文化融入高校“原理”课程教学，必须把坚持马克思主义指导地位作为根本前提、辩证对待中华传统文化作为基本原则，把推动马克思主义思维方式与中华传统思维方式相融合作为重要途径，把中华优秀传统文化与高校马克思主义教育教学的内容相融合作为教学重点，在丰富马克思主义教育教学过程中，帮助大学生深化对中华优秀传统文化的认识，提高大学生文化自信的自觉性。

（一）坚持马克思主义指导地位，辩证对待中华传统文化

高校思想政治教育教学，肩负着对大学生进行主流意识形态教育的重要任务。所以，在中华传统文化融入高校“原理”课程教学过程中，最根本的就是坚持马克思主义指导地位。

1. 坚持马克思主义指导地位是根本前提

马克思主义是无产阶级思想的科学体系，是我国社会主义革命和建设的指导思想，是我国的主流意识形态。因此，在思想文化领域必须毫不动摇地坚持马克思主义的指导地位，用一元化的指导思想引领多样化的社会思潮，巩固发展健康向上的主流意识形态。当前，受全球化的影响，大学生对社会各种问题的看法、观点、理念和价值观都趋于多元化。如果高校的思想政治教育不能对其进行恰当的引导，大学生就有可能出现世界观、人生观和价值观扭曲的情况，甚至做出危害社会的行为。这就需要一个总的指导思想，马克思主义是被实践证明了的先进文化，是科学的世界观和方法论。因此，在高校思想政治教

育过程中，必须毫不动摇地坚持马克思主义的指导地位。

要坚持马克思主义的指导地位，必须科学理解和把握马克思主义。首先，马克思主义学说具有世界性，它的基本立场、基本观点和基本方法在所有国家和社会都是普遍适用的，但我们也不能把马克思主义理论当成教条，在任何时间任何地点都生搬硬套，而要结合每一个国家的具体情况解决实际问题。其次，马克思主义学说具有开放性，它要求借鉴吸收人类文明的一切优秀成果。将中华优秀传统文化融入马克思主义教育教学，既是对马克思主义理论的真正坚持和发展，而且本身也是马克思主义理论与具体实际相结合的要求，但不能妄图从中华优秀传统文化中寻找与马克思主义理论一模一样的句子，而是应该把马克思主义当成一种方法、一种指导思想。反之，如果我们把马克思主义当作僵化的、一成不变的清规戒律，就是“本本主义”，就是把马克思主义教条化。

要坚持马克思主义的指导地位，必须正确对待中华传统文化。虽然中华传统文化博大精深，但也不能因此忽视它的封建性。对待中华传统文化，既不能全部肯定，也不能全部否定，而要在马克思主义的指导下，对中华传统文化批判继承，做到“古为今用”。因此，在中华传统文化融入马克思主义教育教学的过程中，必须借鉴吸收中华传统文化中的精华部分，以马克思主义为指导改造中华传统文化中的不合理因素，避免不分是非黑白地将中华传统文化运用于教学过程，对大学生的价值观进行错误引导。此外，中华传统文化中有很多流派，每个流派都有自己的思想体系，这在丰富人们精神世界的同时，也会在某种程度上造成混乱。因此，必须以马克思主义为指导，正确对待中华传统文化。

2. 辩证对待中华传统文化是基本原则

只要马克思主义在中华大地上发展，中华传统文化就必然是马克思主义理论发展的土壤，但中华传统文化既有精髓部分，又有不足之处，所以在把中华传统文化融入马克思主义理论教育之前，首先要确定是中华传统文化中的优秀成分。这就要求我们辩证对待中华传统文化，具体地说，就是在全面反思中华传统文化基础上，对其进行批判的继承。

中华传统文化亦是这样，它一方面是历史积淀的宝贵资源，是中华民族向前发展的文化根基；另一方面是落后的封建文化，是中华民族兴旺昌盛的文化累赘。辩证对待中华传统文化，就要客观地对中华传统文化进行反思，承认中华传统文化具有性质相反且不易区分的两方面，比如中华传统文化中存在无神论的观点、积极变革的思想、自强不息的“阳刚”之气，也存在“畏天命”的观点、消极保守的思想、安于现状不思进取的“阴柔”之道，这些文化全部掺杂在中华传统文化当中，完全继承吸收或者全盘否定都是不科学也是不合理的，我们要客观审视中华传统文化中哪些是优秀的精华部分、哪些是落后的糟粕部分，在对中华传统文化进行仔细甄别的基础上加以取舍，而不是不分青红皂白地“兼容并蓄”。

需要注意的是，中华传统文化中的精华与糟粕是相互交错地缠绕在一起的，由此造成其精髓不容易被理解和掌握，糟粕也不容易被分离和克服。这就要求我们在甄别中华传统文化精华与糟粕时，必须把具体的中华传统文化还原到它本来的历史条件下进行分析。因为文化都无一例外地带有时代特性，只有回归文化产生当时的实际背景，我们才能真正理解和把握中华优秀传统文化中某一具体内容的实质。试想，如果我们把精华归为糟粕，把糟粕归为精华，这就是对中华传统文化的最大浪费，还会使中华民族的发展失去文化支撑。

承认中华传统文化中包含精华，就要对中华传统文化进行继承；承认中华传统文化中包含糟粕，就要对中华传统文化进行批判。这里的“继承”，是在对中华传统文化中适应或者经过改造适应当今时代发展的文化进行继承；这里的“批判”，是在对中华传统文化进行系统分析的基础上，批判中华传统文化中带有封建性质的保守落后文化。在此过程中，必须坚持以马克思主义为指导，结合当今时代发展的需要，在革新中华传统文化的基础上，继承中华传统文化的精华，努力推陈出新。在中华传统文化融入马克思主义教育教学的过程中，“融入”并不是简单地以马克思主义理论为框架，把中华优秀传统文化穿插进去，也不是片面地借用中华传统文化与马克思主义理论的契合之处为马克思主义基本原理做解释、做证明，而是着眼于今天高校思想政治教育教学的实际需要，以马克思主义为指导，对中华传统文化进行提炼和总结，除旧布新，创造新文化以进一步丰富和发展“原理”课的教学内容。

（二）推动马克思主义思维方式与中华传统思维方式相融合

马克思主义思维方式具有世界性，大学生要掌握这种思维方式，就必须将它与自有的思维方式融合起来。因此，推动马克思主义思维方式与中华传统思维方式相融合，是中华优秀传统文化融入高校“原理”课的重要途径。

1. 中华传统思维方式与马克思主义思维方式

思维方式是一个国家和地区文化形成发展的前提，具有鲜明的民族性。中华传统思维的基本方式是“悟性”，比如儒家的格物致知、道家的“玄览”、中国佛教的悟性理论等。这种思维方式注重人的“直觉”和“体验”，但又不能机械地把它归结为直觉主义。我们必须辩证地看待“悟性”，既要看到它的优点，可以利用过去积累的经验，对事物的大致方向、发展趋势和整体效果做出预见和选择，还可以通过触类旁通去认识未能接触到的事物，尤其是在科学尚未能够完全反映科学真理的时候，它作为科学的一种补充，仍然发挥着举足轻重的作用；但也要看到它的缺陷，是古人把握客体尤其是超验客体的一种思维方式，过于重视经验，甚至陷入经验的泥淖里不能自拔。这与现代社会认识世界并进而改造世界的思维方式相比，具有明显的局限性。

马克思主义思维方式是马克思主义思考问题和认识问题的根本方式，它是由人本思维、实践思维、批判思维、历史思维、全球思维等一系列思维方法构成的统一整体，深刻体现了马克思主义思维品格和思想高度，具有鲜明的逻辑性。人本思维要求围绕如何坚守和实现人的解放和人的自由全面发展这一最高价值来观察世界、认识社会、思考问题，实践思维要求坚持从物质生产实践出发来分析回答各种问题，批判思维要求把反思客观存在、揭示矛盾问题、提出思想思路、引领实践发展作为认识和思考的重点和主线，历史思维要求把社会现象作为自然历史过程加以思考和分析并从中揭示社会历史本质和规律，全球思维要求立足世界各国的相互联系来思考、分析和回答各种问题。

2. 中华传统思维方式与马克思主义思维方式的有机结合

中华传统思维方式与马克思主义思维方式的不同特点，使二者具有相结合的必要性。

首先，直观性与逻辑性相结合。中华优秀传统文化的思想常常使用名言、举例和打比方等方式来阐述，涉及的很多概念都没有确切定义，只有通过大量阅读相关书籍和文献，才能对一个概念有相对完整的认识。即使这样，对中华优秀传统文化中很多概念的理解也是不尽相同，没有完全准确或相对统一的答案。只要翻阅几本儒家书籍，就知道孔子反复强调“仁”的精神，但究竟什么是“仁”？很多读者对它的理解和认识都不一样，就连孔子对“仁”的解释，在不同情景下也有差异，这就要求我们通过自己的直觉去会意。可见，中华优秀传统文化不存在严密的逻辑体系，只能依靠读者的直觉去感悟和体会，具有鲜明的直观性特点。这种思维方式注重人的灵感，追求“超越”，在某些时候，会有逻辑思维情况下无法推测出的重大发现和创新，但这并不具有逻辑必然性和确定性，仍然需要经过逻辑论证才能上升为具有科学价值的思想。而马克思主义的实践思维方式在批判继承西方理性思维传统基础上形成，具有严密的逻辑性。马克思主义通过实践思维对整个人类社会所进行的剖析，全部是以逻辑分析作为基础和前提的。例如，马克思的代表著作《资本论》，它把“商品”作为起点，分析商品二因素、劳动二重性、剩余价值、剥削，最后到整个资本主义的产生和灭亡、社会主义甚至全部人类社会的发展方向，具有清晰而显著的逻辑性。为此，结合当代大学生的实际情况，把中华优秀传统文化的直观性与马克思主义思维方式的逻辑性结合起来，不仅能保持中华传统思维方式的原有特点，更能促进中华传统思维方式的创造性转换。

其次，综合性与分析性相结合。中华传统思维方式侧重对事物进行综合性的领悟，注重天、地、人之间的联系，强调从整体上来认识和把握三者的相互作用。这影响到社会生活的诸多领域，比如医学，中医认为人的身体是一个不可分割的整体，各个器官都是互相联系的，当身体某一部位发生“故障”时，要着眼于人的整体进行医治，而不是头痛医头脚痛医脚。这种注重整体性的思维方式，从系统所包含的各个组成部分的相互联系和作用中认识事物，避免了对事物形成片面认识，但却容易忽视分析方法的作用，缺乏对事物深入细致的剖析。马克思主义思维方式是实践的思维方式，既强调从主客体相互联系中认识事物的综合性，又批判地继承了西方哲学注重逻辑分析的传统。以马克思主义政治经济学为例，从最简单的“商品”开始剖析，最后推到资本主义的主要矛盾，运用的就是典型的分析性思维方式。大学生在学习这一部分内容时，会感受到马克思主义严密的逻辑思维，但与此同时也可能会出现读不懂或者理解不深刻的问题，究其根本原因，就是思维方式不同。因此，我们必须把这两种思维方式结合起来，以此促进大学生思维方式的创造性转换。此外，综合性与分析性相结合还有助于克服中华传统思维方式的模糊性。中华传统文化习惯于用“少许”“差不多”“酌情”等词汇阐述问题，侧重整体，具有模糊性的特点，而现代意义上的科学对概念具有明确的要求——确定概念的内涵和外延，这就要求我们必须学习马克思主义注重分析的逻辑方法和思维方式，克服中华传统思维方式的模糊性缺陷。

最后，超验性与实证性相结合。中华传统思维方式追求的核心不是一种明确的对象，而是一种超验的存在。诸如儒家追求的“仁”和“中庸”、道家追求的“道”、佛家追求的“佛性”等都是超现实的存在，具有明显的超验性。这种思维方式的长处和不足就是会引导人们设立超验的奋斗目标，并热血沸腾地为之不懈努力、勇往直前。相比较而言，马克思主义的思维方式更强调社会实际和现实生活，不提倡人们去探索那些看不见摸不着的神秘存在，肯定实践是检验真理的唯一标准，具有显著的实证性。不但如此，就是马克思主义的科学性也是以它的实证性为条件和前提的。马克思从从事现实生产活动的人出发，认为只有通过现实的人对客观世界进行改造，才能最终建立适宜人类生存和发展的共产主义社会。依照马克思主义思维方式的实证性，大学生就不能尽信书，把书本奉为至高权威，而应该注重实际，坚持实践的检验标准，从主观与客观的统一中认识对象。总之，大学生应该同时借鉴吸收这两种思维方式的优点，注重实践，在不断的实践过程中形成适应现代社会需要的思维方式，克服悟性思维方式超验性的不足。

（三）加强中华优秀传统文化与高校马克思主义教育教学内容上的融合

中华优秀传统文化与高校马克思主义教育教学的内容在很多方面都具有相似性，将二者融合起来进行讲授，能够深化大学生对马克思主义理论知识和中华优秀传统文化的认识，坚定大学生的马克思主义信仰，增强大学生的文化自信。下面结合《马克思主义基本原理概论》教材内容和课程教学内容，做一定探讨。

1. 将“天人之际”的思想融入马克思主义哲学基本问题的讲授

马克思主义视角下，哲学的基本问题是思维和存在的关系问题，中国传统哲学对这一问题的探讨形成“天人之际”思想。

“天人之际”思想分为“天人相分”和“天人合一”两方面，体现在中国传统哲学的诸多方面，具有十分丰富的内涵，其中就包含对自然和人为关系的讨论。从“天人相分”来看，“天”是物质的自然界，是自然而然的运动，是没有意识的，但也不依赖于人的意识，是独立存在的。自然的天相和人事的祸福没有关联，这与马克思主义“思维和存在的对立”有一定契合。从“天人合一”来看，中国传统哲学讨论的焦点是：天是自然界还是主宰万物和人事祸福的天命？人能不能对天有所作为？可以看出：其一，中国古代思想家一方面认为天是有意识和意志的；另一方面又认为天是万物运动的规律，赋予它物质存在的意义。显然，天是自然界还是天命这就蕴含着对思维和存在关系的探究。其二，中华优秀传统文化认为人的行为是有意识、有目的的，人对自然界有所作为就涉及人的主观精神与客观自然界的关系，比如王夫之提出“天之天”转化为“人之天”，即发挥人的主观能动性去认识自然界等，这些都与哲学的基本问题紧密相关。

“天人之际”从“天人合一”和“天人相分”两方面来看待人与自然的关系，强调人与自然的合作与斗争。结合“天人之际”讲授哲学基本问题，既能帮助大学生提高对中华优秀传统文化的认识，也能深化大学生对物质与意识关系问题当代意义的理解，增强大学生对马克思主义生态观的把握，加深大学生对生态文明建设的认识。

2. 将“天下一气”的思想融入世界的物质性及其存在形式的讲授

中国传统哲学中的唯物主义思想源远流长，主要表现为“气一元论”。春秋时期，人们用阴、阳、风、雨、晦、明“六气”和金、木、水、火、土“五行”解释变化多样的自然现象和过程。战国时期的思想家提出了更为精致的概念“一气”，认为这是万物的本原。老子提出了我国哲学史上第一个宇宙生成体系，认为混沌未分之气产生阴阳，阴阳二气和合产生万物，这一时期的思想家还提出“精气”的概念，认为它是气的精粹、精微部分，是构成一切物质现象和精神现象的基本材料。可见，中国传统哲学虽然没有形成马克思主义理论中“物质”的概念，但提出了类似物质的概念“气”。

“天下一气”理论认为，世界万物都由“气”组成，“气”是所有生命现象及精神活动的物质前提，同时还用“气”的不同性质、形态、结构来解释物质的多样性。比如，用“气”的永恒运动和变化来解释物质世界的无限变化，用“阴阳推移”和“空不离气”来解释时间和空间的本质等。可见，在讲授马克思主义世界的物质性原理时，可以结合“天下一气”理论进行讲解。具体来说，就是结合“天下一气”“天人一气”讲授马克思主义理论中“世界统一于物质”，结合“生生不息”“气化之道”讲授马克思主义理论中“运动是物质的固有属性”，结合“上下四方曰宇，往古来今曰宙”讲授马克思主义理论中“时间和空间是物质运动的存在形式”。这样讲授不仅能深化大学生对中国传统哲学唯物主义精神的认识，更能形象地为大学生展示马克思主义的物质性原理。

3. 将“阴阳大化”的思想融入唯物辩证法的讲授

唯物辩证法认为，世界是普遍联系和永恒发展的。中国传统哲学也持相同观点，以“阴阳大化”思想来阐释这一内容。正是由于它们在这一问题上存在的契合，我们才可以将“阴阳大化”的思想融入唯物辩证法的讲授。

首先，结合中华优秀传统文化“相依相持，天人一理”讲授唯物辩证法中“世界的普遍联系”理论。中华优秀传统文化认为，“阴阳”不仅是世界万物的基本属性，也是世界万物的基本联系。按照阴阳五行说的观点，五行相生相克，缺一就不能产生万物，并与阴阳和合相互联系、相互作用，体现出联系观和整体观的思维方式。其次，结合中华优秀传统文化“天地絪缊，万物化醇”讲授唯物辩证法中“世界的永恒运动和发展”理论。中华优秀传统文化认为事物是“生生不已”“动静相涵”“积渐成著”“革故鼎新”的，这在一定程度上与“世界的永恒运动和发展”相契合。最后，结合中华优秀传统文化“一物两体，中庸和谐”讲授唯物辩证法中“矛盾的对立统一”理论。中国传统哲学不仅从“阴阳”理论阐发事物的矛盾性，还通过“一”与“两”、“和”与“同”、“中”与“偏”、“过”与“不及”等关系总结矛盾双方的性质。如果教师把中国传统哲学这些内容融入“矛盾的对立统一”理论进行讲授，能够使大学生更全面、更深刻、更充分地理解和把握矛盾规律，进而深入矛盾的内在层面来理解事物的联系和发展，帮助大学生更好地树立与时俱进、开拓创新的时代精神。

4. 将“知行统一”的思想融入辩证唯物主义认识论的讲授

马克思主义哲学以实践为基础，科学地阐明了主观与客观、理论与实践、感性认识与理性认识的关系。中国传统哲学也曾对这些问题做了多方面的探讨，为此我们就要有意识地把两者融合起来，以深化大学生对辩证唯物主义认识论的认识。

首先，结合中华优秀传统文化“因所发能，能必副所”讲授辩证唯物主义认识论中

“主观和客观的统一”理论。中华优秀传统文化中的“所以知”与“所知”是最早区分主体与客体、主观与客观的一对概念，“所以知”即“此”，是认识的主体；“所知”即“彼”，是认识的对象。“能”与“所”是另外一对区分主体与客体、主观与客观的概念，主观能动是“能”，被思维的对象是“所”。与客观决定主观相契合的中华优秀传统文化观点是“弓矢从的，非的从弓矢”。其次，结合中华优秀传统文化“知行相须、行可兼知”讲授辩证唯物主义认识论中“认识和实践的统一”理论。以“行先于知，由行致知”作为“实践是认识的基础”的有益借鉴，以“知之明也，因知进行”作为“认识对实践具有指导作用”的有益借鉴，以“注重实效，以行证知”作为“检验真理标准”的有益借鉴，以“知行并进，相资为用”作为“认识与实践辩证关系”的有益借鉴。再次，结合中华优秀传统文化“内外交相成之道”讲授辩证唯物主义认识论中“感性认识和理性认识的统一”理论。中华优秀传统文化“天官薄类”和“不徒耳目”是对感性认识的探讨，“心有征知”“必开心意”是对理性认识的探讨，“思与见闻，内外相成”是对感性认识和理性认识辩证统一关系的探讨。最后，结合中华优秀传统文化“相灭相生、相反相成”讲授辩证唯物主义认识论中“真理发展的规律”理论。中华优秀传统文化“两论相订，是非乃见”，认为新思想总是针对被否定的因素或事实而产生的，这在一定程度上与马克思主义理论中“真理与谬误的统一”相契合。中华优秀传统文化中的这些宝贵资源值得我们认真总结，并以此来丰富和发展辩证唯物主义认识论的内容，更好地增强大学生的实践意识。

5. 将“通古今之变”的思想融入社会历史观的讲授

马克思主义把辩证唯物主义贯彻到社会历史领域，创立了历史唯物主义，揭示了人类社会发展的客观规律及其趋势。中国传统哲学“通古今之变”的思想强调把历史现象贯通起来，透过历史现象把握恒久不变的东西，这就涉及对人类社会生活本质和规律的认识，表现出把朴素唯物主义和辩证法运用于社会历史领域的倾向，因而可以看作是历史唯物主义的“萌芽”。

首先，在肯定历史进步和社会变革方面，中华优秀传统文化主张“善言古者，有节于今”。中华优秀传统文化认为，社会历史是不断变迁并向前发展的，应该继承历史传统中的有益部分，变革历史传统中的过时部分，即有因有革。可见，这些思想在一定程度上与马克思主义理论中“肯定历史进步和社会变革”相契合。其次，在注重经济因素和民众力量方面，中华优秀传统文化主张“食足知礼，民惟邦本”。认为古今变革的根本原因是国库粮食和百姓衣食，只有国库充盈，民众才有礼节概念；老百姓衣食无忧，才有精力学习礼乐。此外，还提出变革的主体力量是老百姓，认为历史的主体是民众，而不是神、不是君。这与马克思主义认为“经济关系是最本质的”及“人民群众是历史前进和社会变革的决定力量”有一定相通性。最后，在历史规律和理想社会方面，中华优秀传统文化主张“理势合一，世界大同”。认为社会历史的发展规律和必然趋势是统一的，主张建立天下为公的大同社会。这与马克思主义“在消灭私有制的基础上建立共产主义社会”有一定契合性。

结合“通古今之变”的思想讲授社会历史观的内容，让大学生了解中华传统社会历史观中闪光的真理成分和天才猜想，可以使大学生认识科学社会历史观由量变到质变的发展，深化大学生对马克思主义社会历史观的理解，帮助大学生更好地把握社会主义代替资本主义的历史趋势，坚定走中国特色社会主义道路的自觉性。

6. 将“成人之道”的思想融入人的全面发展的讲授

马克思主义哲学在科学认识人的本质基础上提出了人的全面发展思想。中国传统哲学对这一问题的研究表明在“成人之道”“人性善恶”“义利之辩”“群己关系”等方面。尽管中华优秀传统文化不同学派对人格的认识各有侧重，但总体上都体现出知、情、意统一和真、善、美统一的特点。把“成人之道”思想融入人的全面发展讲授，可以进一步加深大学生对马克思主义人的全面发展思想的理解，自觉促进自身的全面发展。

首先，理想人格的培养与中华优秀传统文化的“成人之道”。“成人之道”思想与人性问题相联系，主张性善论的思想家认为人性本善，不假外求；提倡性恶论的思想家认为化性起伪，积善成圣。在人格培养的具体方面强调移风易俗，莫善于乐。这在某种程度上与马克思主义哲学强调的“环境和教育对人格培养的作用”及“人的主观能动作用”具有相通的地方，由此我们可以借助中华优秀传统文化这一思想，增强大学生对人的本质的认识，进而帮助大学生在社会实践中不断完善自我。其次，真善美的统一与中华优秀传统文化的理想人格。中华优秀传统文化注重对人道德精神的培养，并强调外化为实际行动，主张行为与德行的统一。马克思主义认为，人的全面发展是指在摆脱自然经济条件下人对人的依赖性、商品经济条件下人对物的依赖性的基础上，人在社会历史实践中不断发展其本质力量，最终达到真善美的统一。虽然中华优秀传统文化没有达到马克思主义“人的全面发展”的深度，但两者在思维趋向上却是相通的。借助中华优秀传统文化的这一思想，可以帮助大学生更好地认识自己的人生追求，把真善美作为人生追求的最高境界。最后，人生价值的定位与中华优秀传统文化群己、义利、理欲之辩。中华优秀传统文化主张天下己任、义利双行、理欲统一，与马克思主义个人与集体、道德与利益、感性与理性的关系具有一定相通性。我们可以借助中华优秀传统文化的这一思想，帮助大学生正确认识和处理个人与社会、权利与义务、道德与利益之间的关系，自觉承担起对国家、社会和他人的责任，为建设中国特色社会主义奉献自己的智慧和才能。

7. 将“孙子兵法”的思想融入市场经济的讲授

竞争是市场经济实现资源配置的主要机制，从某种意义上说，市场经济就是一个没有硝烟的战场。因而在市场经济条件下，很多竞争规律和战争规律是相通的。马克思主义劳动价值论中包含着丰富的市场经济内容，因而可以从“孙子兵法”中得到启发，讲授相关理论。

第一，“知己知彼，百战不殆”。这是战争中取胜的法宝，也是市场经济竞争中获胜的法宝，企业生产者要深入了解客户的需求，客观地认识自己企业的情况及对手的实力等，并以此制定切实可行的营销策略。第二，“出奇制胜”。注重灵活用兵、以奇制胜，这是战争中取胜的重要手段。同样地，企业生产者要想在市场经济竞争中获得可观的收益，就要具备创造性的思维，努力创新自己的产品，寻找和预测广大消费者的潜在需要，奇正相生不断进取。第三，“避实击虚”。分析敌人的优势和弱点，避其锋芒，攻打敌人力量弱小的地方，这不仅是兵家之道，也是市场经济竞争中的要诀。在竞争中采用这一策略，就是以己之长击人之短，即以自己企业的优势打击对手最薄弱的地方。第四，“因敌制胜”。面对不同的敌人采取不同的作战方法，最终取得胜利。在市场经济竞争中，企业生产者要根据市场需求的变化和竞争者的情况，经常开发新产品，降低产品成本，并从竞争对手可能采取的营销策略中分析可行的应对之策，取得竞争胜利。第五，“庙算”。决策准确的前提是信息灵、情报准，因而“孙子兵法”主张利用“因间”“内间”“反间”“死间”“生间”等多种方式获取对手的情报。在市场经济条件下，“信息就是财富”早已成为众多企业生产者的共识，只有重视对各类信息的收集、整理、研究、分析和运用，才能在此基础上制定科学合理的经营策略。因此，在市场经济相关理论的讲授中，可以利用这一思想，强调“信息”对企业经营管理的重要作用。

将“孙子兵法”的思想融入市场经济的讲授，这在调动大学生学习积极性的同时，可以进一步加深大学生对市场经济的认识，为大学生思考当今企业的发展战略提供有益借鉴。

8. 将“大同社会”的思想融入中国特色社会主义共同理想和共产主义远大理想的讲授

“大同社会”以公有制为基础，体现在三方面：其一，财产共有。大家共同拥有而不私自占有财物，不存在私有的概念，这是建立“大同社会”的经济基础。其二，人人劳动。大家自觉为社会贡献力量，按照年龄、性别及社会的需要分工，各尽其力地贡献自己的才能，这是“大同社会”的生活准则。其三，平等友爱。社会成员共同选举有才有德的贤能之士为大家做事，人人平等，关系融洽，没有高低贵贱的差别，这是“大同社会”人际关系的准则。

共产主义远大理想不是幻想、空想，而是立足于人类社会的发展规律，并在分析资本主义社会基本矛盾的基础上建立起来的。马克思从“商品”着手，通过对资本主义经济现象的剖析，发现了资本主义剥削的秘密和资本主义的基本矛盾，论证了资本主义社会内含的自我否定的趋势，得出了资本主义社会具有历史暂时性的结论。遵循生产力与生产关系、经济基础与上层建筑两对矛盾运动规律，伴随生产力的发展和社会进步，人类终将进入共产主义社会。共产主义社会消灭了剥削，“物质财富极大丰富，消费资料按需分配”“社会关系高度和谐，人们精神境界极大提高”“每个人自由而全面地发展，人类从必然王国向自由王国的飞跃”，中国古人梦想的“大同社会”在现实中得以实现。

中华传统文化中的“大同社会”思想虽然受其历史的局限，存在着许多不科学的成分，但其中反对剥削和否定私有制，主张人人平等的合理内容，与马克思主义提出的共产主义远大理想有一定共通之处，值得我们借鉴。通过对比中华传统文化中的“大同社会”思想，可以帮助大学生理解实现共产主义社会是人类持之以恒追求的最崇高、最远大、最美好的理想，是建立在对人类社会历史规律的正确把握、对社会生产力和生产关系矛盾运动的科学分析基础之上的，是人类社会历史发展的必然趋势，因而真正具有现实性。从而帮助大学生更好地坚定共产主义崇高理想，坚守马克思主义崇高信念，把握中国特色社会主义是中华民族走向共产主义的必由之路，积极投身于中国特色社会主义建设的伟大事业，从我做起、从现在做起，在实践中把自己培养成中国特色社会主义的合格建设者和可靠接班人。

物质文明和精神文明相互依存、相互促进。随着我国科学技术的发展和经济实力的增强，人们也越来越关注文化的发展。近年来，《最爱是中华》《中国诗词大会》等以中华优秀传统文化为主要内容的电视节目不一而足，这引发了人们对中华优秀传统文化与我国的主流意识形态马克思主义相融合的思考。

马克思主义产生于西方，要想在中国传播和发展，就必须融合中国的民族文化。相应地，“原理”课程教学的对象是中国的大学生，所以作者本人就产生了把中华优秀传统文化融入“原理”课程教学的想法。在对中华传统文化和“原理”课程教学学习和思考的基础上，分析中华优秀传统文化融入“原理”课程教学的必要性和可能性，提出要想实现两者的融合就必须坚持以马克思主义为指导、辩证对待中华传统文化，促进两种文化在思维方式上的融合，加强中华优秀传统文化与马克思主义教育教学在内容上的融合。

参考文献

[1] 王利，俞燕，庄坚泉. 我国优秀传统文化在高校思想政治教育中的应用研究［M］. 北京：中国华侨出版社，2023.

[2] 劳家仁. 新时期思想政治的理论与实践探究［M］. 长春：吉林大学出版社，2023.

[3] 李鸿雁，张雪. 高校思政课教学改革与创新研究［M］. 延吉：延边大学出版社，2022.

[4] 张春宇. 三全育人理念下高校思政教学创新路径研究［M］. 长春：吉林大学出版社，2022.

[5] 吴丹妤. 陶瓷文化融入思政教育的理论研究与案例实践［M］. 南昌：江西高校出版社，2022.

[6] 徐初娜. 红色文化与高校思想政治教育耦合发展研究［M］. 北京：新华出版社，2022.

[7] 蒋莉，潘清滢. 新时代高校爱国主义教育若干问题研究［M］. 长春：吉林大学出版社，2022.

[8] 王英姿，周达疆. 新媒体时代下高校思想政治教育研究［M］. 北京：九州出版社，2021.

[9] 刘艳芳. 中华优秀传统文化融入高校思想政治教育研究［M］. 郑州：郑州大学出版社，2021.

[10] 朱美光. 传统文化当代价值与组织行为学体系［M］. 郑州：郑州大学出版社，2021.

[11] 余晓宏. 传统文化与高校思政教育探索［M］. 哈尔滨：黑龙江人民出版社，2019.

[12] 刘金玲. 传统文化融入高校思政课教育教学研究［M］. 长春：吉林大学出版社，2018.

[13] 徐以国. 传统文化视角下大学生思政教育［M］. 北京：原子能出版社，2018.

[14] 张凯超. 刍议中华优秀传统文化与高校思政教育的有机结合［J］. 秦智，2023（2）：112-114.

[15] 彭之尧. 探究传统文化与高校思政教育的有效融合 [J]. 黑龙江教师发展学院学报, 2022 (3): 99-101.

[16] 邱白. 中国传统文化与高校思政教育的有机结合 [J]. 黑龙江教师发展学院学报, 2022 (1): 11-13.

[17] 阎彩红. 传统文化与高校思政教育融合路径探析 [J]. 大学, 2021 (16): 47-49.

[18] 金微. 传统文化与高校思政教育的融合路径探析 [J]. 速读 (中旬), 2021 (7).

[19] 李红云. 传统文化与高校思政教育的融合路径探析 [J]. 消费导刊, 2021 (3): 86.

[20] 屈婉聪. 中国传统文化与高校思政教育的有机结合 [J]. 大学, 2020 (18): 131-132.

[21] 张则成. 传统文化与高校思政教育的融合路径探析 [J]. 辽宁青年, 2020 (16): 157.

[22] 张强. 基于传统文化的高校思政教育改革路径分析 [J]. 课程教育研究, 2020 (16): 87-88.

[23] 王昭静. 新时期中华优秀传统文化与高校思政教育融合路径研究 [J]. 新教育时代电子杂志 (学生版), 2022 (18): 98-100.

[24] 孙雅平. "互联网+" 背景下中华优秀传统文化与高校思政教育融合的现状及对策分析 [J]. 智库时代, 2021 (52): 76-78.

[25] 郭海娜. 中国传统文化与高校思政教育的有机结合 [J]. 警戒线, 2022 (29): 155-157.

[26] 牛亏环, 袁竞闻. 基于传统文化的高校思政教育创新探论 [J]. 中学政治教学参考, 2022 (27): 105.

[27] 李现红, 王瑶瑶. 中华优秀传统文化与高校思政教育的融合 [J]. 美眉, 2022 (15): 121-123.

[28] 代利玲. 中华优秀传统文化与高校思政教育融合的三个维度 [J]. 乌鲁木齐职业大学学报, 2022 (4): 37-40.

[29] 陈岚. 中华优秀传统文化与高校思政教育的价值融合探究 [J]. 速读 (上旬), 2022 (4): 91-93.

[30] 徐爽, 张彩鹏. 探析中华优秀传统文化与高校思政教育有机融合 [J]. 中国民族博览, 2021 (23): 107-109.

[31] 孟婷玉. 探析优秀传统文化与高校思政教育的融合途径 [J]. 现代交际, 2021 (7): 163-165.

［32］于涵，赵天睿. 探析优秀传统文化与高校思政教育的有效融合［J］. 学生·家长·社会（学校教育），2021（6）：363.